Hanna Christina Jung · Goldzeit

AF194342

Hanna Christina Jung

Goldzeit

Wenn Zeit zu Gold wird – Lebensqualität mit Krebs

Mein Weg mit der Diagnose Krebs

FSC
www.fsc.org
MIX
Papier aus ver-
antwortungsvollen
Quellen
Paper from
responsible sources
FSC® C105338

Bibliografische Information der Deutschen Nationalbibliothek:
Die Deutsche Nationalbibliothek verzeichnet diese Publikation in
der Deutschen Nationalbibliografie; detaillierte bibliografische
Daten sind im Internet über http://dnb.dnb.de abrufbar.

© 2022 Hanna Christina Jung

Illustrationen: Hanna Christina Jung
Nachwort: Henning Dehnke

Herstellung und Verlag: BoD – Books on Demand, Norderstedt
ISBN: 9783756231119

INHALT

PROLOG

„Niemand kann vor der Stimme seines Herzens fliehen. Deshalb ist es besser, darauf zu hören."

Paulo Coelho

Dieses Buch schreibe ich in erster Linie für alle Menschen, die jemals die drei Worte gehört haben: „Sie haben Krebs". Und auch für alle, die eine andere belastende Diagnose bekommen haben. Und natürlich auch für die indirekt Betroffenen, Angehörigen und für alle, die dem Thema gegenüber offen sind. Meine Anrede richtet sich aber in der Hauptsache an die Betroffenen selbst. Ich hatte diesen Impuls, ein Buch zu schreiben, schon seit längerer Zeit, aber erlaubte es mir nicht, diesem Impuls auch zu folgen. Ich dachte immer, ich habe doch nichts zu sagen, was jemand anderen inspirieren oder ihm vielleicht gar helfen könnte. Ich erzählte auch niemandem davon, dass ich diesen Impuls hatte. Ich hatte schon einen Titel und eine Idee, über was ich schreiben wollte. Und unabhängig voneinander haben mir immer wieder Menschen gesagt, über deine Geschichte kannst du ein Buch schreiben. Und dann hat es in einem Gespräch, von dem ich später noch berichten werde, „Klick gemacht" und ich begann zu schreiben. Und es tat mir gut, zu schreiben, und es half mir sehr, meine Geschichte vollständig zu begreifen. Und ich schreibe dieses Buch, um meine unendliche Dankbarkeit zum Ausdruck zu bringen, dass es mir trotz der Diagnose „metastasierter Brustkrebs, beidseits, mit Metastasen in Leber und Knochen, Stadium Palliativ[1]" insgesamt gesehen doch sehr gut geht. Dass meine Lebensqualität viel höher ist, als ich mir das jemals hätte bei der Erstdiagnose vorstellen können. Und ich schreibe, um das in den letzten zweieinhalb Jahren Erlebte zu verarbeiten und zu reflektieren.

Aber in erster Linie schreibe ich für dich als Leserin oder Leser. Wenn ich mit diesem Buch einem Menschen eine Inspiration geben kann und Mut machen kann, dann hat es sich gelohnt.

Am wichtigsten ist mir, von Beginn an zu betonen: Ich schreibe hier nicht, wie du irgendetwas meiner Meinung nach machen solltest. Ich gebe dir keine Handlungsempfehlungen oder gar Ratschläge. Wohlgemeinte, oft ungefragte, aber für dich nicht hilfreiche Ratschläge wirst du wahrscheinlich sowieso schon genügend bekommen haben oder wahrscheinlich bekommen. Ich fordere dich nicht auf, dich für oder gegen die Schulmedizin, komplementäre Medizin oder alternative Medizin zu entscheiden, auch ist es nicht mein Ziel, dir diverse ganzheitliche Methoden zu empfehlen. Mein einziges Ziel ist es, dich zu ermutigen, dass DU DEINEN EINZIGARTIGEN WEG gehst. Wie auch immer er aussehen mag. Mit den dir hilfreichen Tools und Menschen an deiner Seite. Wenn ich eins am allermeisten gelernt habe, dann ist es, dass jeder Mensch seinen eigenen, ganz individuellen Weg hat, mit dieser Diagnose umzugehen. Und das ist gut so. Und es gibt kein Richtig und es gibt kein Falsch. Meiner Meinung nach ist nur das wirklich hilfreich: Dass du deinen eigenen, für dich persönlich stimmigen Weg gehst und nicht Dinge so machst, wie „man sie eben macht" oder wie es dein Umfeld von dir erwartet oder dir einreden will. Und wenn es sich richtig anfühlt, etwas so zu machen, wie es die meisten machen, dann ist das genauso gut, dann geh diesen Weg! Aber wenn sich in dir etwas sträubt, sich etwas falsch anfühlt, es so zu machen, „wie man es eben macht", dann lausche nach innen und fühle, was für dich stimmig ist. Deine innere Weisheit, die Stimme deines Herzens hilft dir garantiert, immer und für alle Zeit.

ZUVERSICHT

„Kraftspender Hoffnung:
Die Zuversicht rüttelt am Felsen der Ängste."

Ernst Ferstl

Die Erstdiagnose bekam ich Mitte Januar 2018. Ich war 44 und unser Sohn 10 Jahre alt. Als die Frauenärztin zu mir sagte: „Sie haben Krebs", war ich zutiefst geschockt, wie wohl jeder, der diese drei Worte jemals hört. Alles war surreal und unwirklich, ein Wechselbad der Gefühle. Die Gedanken schlugen Purzelbäume: Jetzt ist alles vorbei, jetzt war es das! Es kamen viele Ängste: vor dem Tod, vor der Chemo, vor dem Port-Einsetzen, vor den ganzen Spritzen und Blutabnahmen, vor Haarverlust, Angst, den Job aufzugeben, Angst, Freunden und der Familie in dieser neuen Situation zu begegnen. Angst vor dem Wort Krebs und vor der Ungewissheit. Das alles kam wie ein Tsunami auf mich zu und nahm mich in den ersten Tagen vollständig ein. Aber eins wusste ich sofort, dass ich ganzheitlich mit der Situation umgehen wollte. Eine liebe Freundin hatte zwei Jahre zuvor ebenfalls Brustkrebs und hatte sich in einer anthroposophischen Klinik sehr wohl gefühlt. Ich wusste sofort, da will ich auch hin, obwohl diese Klinik gar nicht in unserer Nähe war.

Bis zu diesem Zeitpunkt dachte ich, Chemotherapie würde ich niemals machen. Ich hatte bis dahin fast die gesamte Schulmedizin für mich abgeschrieben. Ich nahm seit vielen Jahren fast ausschließlich die Homöopathie, die Spagyrik, die Anthroposophie und andere alternative Methoden für mich in Anspruch. Das hatte mir auch immer gutgetan und hatte funktioniert. Aber jetzt war ich an einem anderen Punkt. Als mir die Frauenärztin klarmachte, obwohl sie auch ganzheitlich behandelte, dass Chemo in meinem Fall die beste und einzige schulmedizinische Option sei, war ich noch sehr skeptisch. Als ich dann im Krankenhaus alle Untersuchungen hinter mir hatte, haben sich die Ärztinnen dort wirklich viel Mühe gegeben, die genaue Diagnose mir und meinem Lebenspartner in Ruhe und mit viel Fingerspitzengefühl zu vermitteln. Ich spürte intuitiv, es ist für mich persönlich jetzt an der Zeit, mich mit der Schulmedizin zu versöhnen. Daher entschied ich mich für komplementäre[2] Behandlungen. Bei mir ist dies eine Kombination aus der klassischen Schulmedizin (vornehmlich Chemotherapie und Bestrahlungen), Misteltherapie und anderen anthroposophischen Mitteln, der Homöopathie und Nahrungsergänzungsmitteln. Und nicht zuletzt arbeite ich auch auf emotionaler Ebene. Da es eine ziemlich „dramatische" Diagnose war, war ich zehn Tage stationär in der Klinik, was aus meiner Sicht ein großes Glück war. Denn ich fühlte mich aufgefangen. Die Psychoonkologin, der evangelische Seelsorger, die Musiktherapeutin, die Maltherapeutinnen und die Krankenschwestern dort waren ein Segen für mich in dieser herausfordernden Zeit. Ich weiß von verschiedenen Mitpatientinnen, die ambulant in anderen Krankenhäusern waren, dass man sich nach CT, MRT-Untersuchungen etc. und den damit einhergehenden Diagnosen manchmal alleingelassen fühlt. Es gibt zwar in Krankenhäusern meistens wunderbare Psychoonkologen, aber wenn man aus einer radiologischen Praxis mit einem unguten Befund kommt, sind diese ja leider nicht immer sofort zur Stelle. Sondern man kann oft erst beim nächsten Krankenhaustermin mit ihnen sprechen. Außerdem habe ich festgestellt, dass viele Mitpatientinnen Gespräche mit Psychoonkologen nicht in Anspruch nehmen wollten. Ich glaube, sie denken, dass sei wie bei einem Psychologen oder einer Psychologin, also wie in einer Psychotherapie. So ist es aber nach meiner Erfahrung überhaupt nicht. Es sind sehr persönliche, unterstützende Gespräche und oft auch mit ganz praktischen Tipps. Ich wünsche mir von ganzem Herzen, dass sich alle Patientinnen nach einer unguten Diagnose so wunderbar aufgefangen fühlen könnten, wie ich es dort war.

Nach der Diagnose ging es los mit wöchentlicher Chemo. Die erste Chemo bekam ich stationär. Die weiteren Chemos ließ ich in einem katholischen Krankenhaus an meinem Heimatort machen. Denn den weiten Weg jede Woche zu bewältigen, wäre zu anstrengend gewesen. Bei dieser ersten Chemo ist mir ein wunderbarer Engel in Menschenform begegnet und davon will ich dir erzählen. Denn es war für mich so hilfreich und magisch. Und so denke ich, es könnte dich vielleicht inspirieren.

Ich stand völlig neben mir, als ich zum ersten Mal am Freitag, den 26.01.2018, ein Chemo-Behandlungszimmer betrat. Es war ein gemischtes Zimmer, damit meine ich, es waren nicht nur Brustkrebs-Patientinnen dort, sondern es wurden auch andere Krebsarten behandelt. Später bei der Chemo in meinem Heimatort war ich in einem reinen Brustzentrum, wo ausschließlich Brustkrebs-Patientinnen während der Chemo zusammensaßen. Da kam ich, völlig neben mir stehend, in dieses Zimmer. Und dann saßen dort zwei Männer, die sich prächtig mit der Krankenschwester verstanden und Witze machten, während diese Chemo in sie hineinlief. Ich war entsetzt! Ich dachte: Wie kann man hier lachen, spinnen die komplett, sind die wahnsinnig, was gibt es hier um Himmels willen für einen Grund, fröhlich zu sein? Ich durfte in den nächsten Wochen und Monaten lernen, dass man sehr wohl während einer Chemo-Behandlung plaudern darf und es oft etwas zum Lachen gibt, aber davon war ich zu diesem Zeitpunkt meilenweit entfernt. Ich setzte mich also in die hinterste Ecke, möglichst weit weg von den beiden Scherzkeksen, und bemitleidete mich selbst. Während bei mir die Tränen liefen, kam eine Frau, völlig schwarz verschleiert (ich denke, es war ein Tschador) herein. Ich konnte nur ihr Gesicht sehen. Sie bedankte sich überschwänglich und herzlich bei der Krankenschwester für die Betreuung während ihrer Chemos, sie war fertig mit den Behandlungen und als gesund entlassen worden und wollte sich verabschieden.

Dann sagte sie: *„Ich kann noch nicht gehen, ich muss zu der Frau da hinten."* Ich war sehr perplex, als sie auf mich „zuschwebte". Das Gefühl hatte ich, da man ihre Füße nicht sah.

Sie kam auf mich zu und beugte sich mütterlich zu mir in den Chemo-Sessel runter und legte los:

Sie: *„Ich muss dir etwas sagen. Du darfst weinen! Aber dann musst du wieder nach vorne schauen. Ich habe auch viel geweint, aber dann habe ich wieder nach vorne geschaut. Du musst deinen Kopf nach oben nehmen und nach vorne schauen. Hast Du Kinder?"*

Ich: *„Ja, einen Sohn, er ist 10 Jahre."*

Sie: *„Sehr gut, ich habe auch Kinder, du musst für deinen Sohn da sein. Das wird dir helfen, du musst für ihn weitermachen. Du darfst weinen, aber dann du musst wieder nach vorne schauen."*

Ich (weinerlich): *„Aber ich habe doch Leber-Metastasen".*

Sie (mit einer Hand immer wieder wild gestikulierend): *„Ach, Leber-Metastasen: egal. Chemo heilt alles!"*

Ich: *„Aber die Knochen, ich habe auch Knochen-Metastasen."*

Sie: *„Ach egal, Chemo heilt auch Knochenkrebs. Chemo kann das, Chemo heilt alles!"*

Ich (immer noch weinerlich): *„Aber meine Haare."*

Sie (lüpft ihren Schleier und zeigt mir ihre gerade wieder wachsenden Haare): *„Haare weg, egal, Gesundheit ist wichtig, Haare kommen wieder, schau hier."*

Sie (sieht mir noch eindringlicher in die Augen): *„Ich bete für Dich. Allah wird dir helfen. Du darfst meine Wor-*

te nicht vergessen. Ich werde jeden Tag für dich beten."

Ich (immer noch ganz perplex und schluchzend in meinem Sessel) stammelte: *„Danke".*

Sie (macht sich zum Gehen auf) sagt: *„Ich muss jetzt gehen, aber denk an meine Worte, schau immer nach vorne. Ich bete für dich. Allah hilft dir!"*

Sie kommt an den beiden Männern vorbei. Der jüngere hält sie an und sagt zu ihr: *„Vielen Dank für das, was du getan hast, das war toll von dir."* Das hat mich versöhnt mit den beiden, da ich gemerkt habe, dass sie doch nicht so doof waren, wie ich noch fünf Minuten zuvor zu Unrecht dachte.

Und ich saß da und es keimte zaghaft etwas in mir auf: Zuversicht, ein Hoffnungsschimmer, neues Vertrauen und Mut.

Was ich dir leider nicht per Buch transportieren kann, ist die Art ihrer Gesten und die eindringliche und dennoch sehr herzliche Art und ihre liebenswerte Aussprache.

Warum erzähle ich dir dieses Erlebnis? Weil diese Begegnung mit dieser wunderbaren Frau magisch war. Mir kommen heute noch Tränen vor Rührung in die Augen, wenn ich diese Zeilen schreibe. Mit ihren einfachen Worten hat sie mit so viel Weisheit gesprochen und mir so unendlich viel Zuversicht geschenkt.

Letzten Endes sagte sie Folgendes, bzw. ist das meine persönliche Interpretation:

LASS DEINE GEFÜHLE ZU, LASS DEINE ÄNGSTE HOCHKOMMEN, SPERR DIE ANGST NICHT WEG.

„Du darfst weinen."

. . . . .

DANN KOMM WIEDER IN EINE POSITIVE HALTUNG.

„Kopf nach oben, nach vorne schauen."

. . . . .

WAS IST DEIN WARUM, WAS TREIBT DICH AN?

„Dein Kind braucht dich."

. . . . .

HABE EINEN UNERSCHÜTTERLICHEN GLAUBEN UND MANIFESTIERE.

„Chemo heilt alles." Sie hat das so voller Inbrunst und aus tiefstem Herzen gesagt, dass es quasi „ansteckend" für mich war.

. . . . .

NIMM HILFE UND UNTERSTÜTZUNG AN, WIR SIND ALLE VERBUNDEN.

„Ich bete jeden Tag für dich."

. . . . .

GLAUBE AN EINE HÖHERE LIEBEVOLLE MACHT, DAS UNIVERSUM, GOTT, ALLAH, DEIN HÖHERES SELBST, ENGEL, EGAL AN WAS DU GLAUBST, HAUPTSACHE ES IST FÜR DICH POSITIV UND STÄRKT DICH.

Bei ihr war es eben Allah.

Ich werde ihre Aussagen jetzt näher beleuchten und so interpretieren, wie ich sie persönlich empfunden habe.

LASS DEINE GEFÜHLE ZU, LASS DEINE ÄNGSTE HOCH-KOMMEN, SPERR DIE ANGST NICHT WEG.

„Du darfst weinen."

Meine Erfahrung ist, dass wir Menschen meistens schon in unserer Kindheit und im Laufe unseres Lebens lernen, unsere Emotionen zu unterdrücken. Das ist auch manchmal sehr hilfreich. Wenn eine Situation zu dramatisch ist, die wir erleben, ist es zunächst eine durchaus gesunde Reaktion „zuzumachen" und Emotionen wegzusperren. Weil wir in diesem Moment überfordert sind, kann das kurz- oder mittelfristig eine sehr gesunde Reaktion sein. Allerdings ist es oft so, dass wir dadurch gelernt haben, gar keine Emotionen mehr zuzulassen und Herzensmauern aufzubauen. Und irgendwann kann es für uns wichtig sein, diese unterdrückten Emotionen freizusetzen und zu heilen. Damit du dich wieder selbst spüren kannst und Zugang zu deinem Herzgefühl bekommst. Jetzt ist es so wie bei allem: Es gibt viele Methoden, diese Herzensmauern und unterdrückten Emotionen aufzulösen und zu transformieren. Und ich kann hier nur berichten, was mir auf meinem Weg begegnet ist und was für mich heilsam ist. Vielleicht ist es für dich ganz anders, das ist vollkommen okay. Fühle in dich hinein. Ich glaube, es gibt so viele unterschiedliche Methoden und Tools, damit jeder Mensch für sich persönlich das Passende finden kann. Skeptisch bin ich persönlich dann, wenn jemand behauptet: „Ich habe die weltbeste Technik entwickelt, die hat kein anderer, so etwas Tolles kann keiner außer mir, du musst dies oder jenes glauben, du musst diesen oder jenen Kurs bei mir buchen und nur ich kann dir helfen." Wahre Inspirationspersönlichkeiten erkennst du daran, dass sie dich niemals zu etwas drängen, bescheiden sind, authentisch sind und denjenigen, denen sie helfen wollen, in ihre eigene Kraft und Selbstermächtigung bringen und nicht in Abhängigkeiten.

Ich persönlich nutze für mich zwei Tools. Zum einen arbeite ich mit dem „Emotionscode". Die Methode wird in dem gleichnamigen Buch von Bradley Nelson[3] beschrieben und ist kinderleicht und effektiv, wie ich finde. Diese Methode bedient sich des kinesiologischen Muskeltests. Dieser sehr einfache Test ist leicht zu erlernen und ihn verwende ich jetzt außerdem oft, wenn ich vor Entscheidungen stehe, die nicht so einfach sind. Ich frage mich: Stärkt mich das? Dann testet der Muskel stark. Oder: Schwächt es mich? Dann testet der Muskel schwach. Beim Emotionscode geht man davon aus, dass eingelagerte Emotionen uns schwächen. Es gibt eine Tabelle mit möglichen Emotionen, mit der man die entsprechenden Emotionen und Herzmauern finden und dann auflösen kann. Hört sich zu leicht an, um wahr zu sein? Dachte ich auch erst, aber ich muss sagen, mir fällt es leicht, damit zu arbeiten, und ich habe schon viele heilsame Erfahrungen gesammelt. Den Emotionscode habe ich durch meine Heilpraktikerin kennengelernt. Sie sagte bei meinem ersten Besuch bei ihr: „Sie dürfen gerne wieder zu mir kommen, aber sie können das auch selbst. Wenn sie wollen, lesen sie das Buch „Emotionscode", darin ist alles beschrieben." Und so habe ich es gelesen und arbeite seitdem oft mit dem Emotionscode. Und in etwa alle drei Monate gehe ich doch zu ihr, da sie mit mir noch viel tiefer in die Themen reingeht, als ich das alleine kann. Und ich schätze an ihr, dass sie mich in meine Selbstermächtigung bringt, und nicht, wie bei manchen anderen Heilpraktikern, die ich in der Vergangenheit konsultiert habe, in eine gewisse Abhängigkeit. Manchmal hatte ich das Gefühl, sie wollten sich „unentbehrlich" machen. Ich glaube nicht, dass diese Menschen eine schlechte Absicht hatten, sie hatten bestimmt sehr gute Absichten. Aber sie hatten eine vollkommen andere Auffassung als ich. Ich hörte Aussagen wie: „Sie müssen ab jetzt ganz regelmäßig kommen. Ich habe da noch eine tolle Frühjahrskur für Sie. Diese Nahrungsergänzungsmittel (NEM) brauchen Sie jetzt unbedingt alle. (Nichts gegen NEMs, ich nehme auch jetzt welche, aber es waren sehr, sehr viele). Hier müssen Sie diese bestellen, aber auf jeden Fall nur über meine persönliche Partner-Nummer. Sie müssen unbedingt ab jetzt regelmäßig kommen." Und so weiter... Ich bin ein großer Fan von Selbstermächtigung und Eigenverantwortung. Das wollen viele Menschen nicht. Und das finde ich auch vollkommen in Ordnung, wenn es für sie stimmig ist. Wenn du dieses Buch liest, gehörst du vermutlich zu den Menschen, die Selbstermächtigung so sehr schätzen wie ich. Und zum anderen habe ich an einem Online-Kurs „Heartwall" der wunderbaren Barhar Yilmaz[4] teilgenommen. Dieser Kurs hat für mich die Grundlage für das Auflösen meiner Herzensmauern gebildet und war sehr heilsam und powervoll. Aber auch außerhalb dieses zeitlich begrenzt verfügbaren Kurses helfen mir vor allem ihre Messages in den sozialen Medien und ihr Podcast.

Also, ich kann dir nur ans Herz legen – wenn du es nicht sowieso schon tust –, schau dir deine unterdrückten Emotionen an, die aus der Vergangenheit festsitzen und dich hindern, wieder ins Fühlen zu kommen. Das Auflösen von festsitzenden Emotionen und Herzensmauern ist ungemein befreiend und heilsam. Und es ist egal, welche Bücher du darüber liest, welche Tools und Methoden du dabei verwendest oder ob und welche Kurse du buchst. Die Hauptsache ist, dass alles deinem besten Wohl dient und dir guttut. Ich denke, es gibt so viele verschiedene Möglichkeiten, damit jeder für sich das Passende finden kann.

Wenn du den Impuls hast, dich mit dem Loslassen dieser alten festsitzenden Emotionen zu beschäftigen, gehe dem nach. Wenn du den Impuls hast, dass es dich nicht anspricht, dann lass es sein. Nur Veränderungen, zu denen wir bereit sind, dienen uns. Zu versuchen, Veränderungen zu erzwingen, weil wir denken, bei dem oder der hat es geklappt, dann muss die Methode doch auch bei mir funktionieren, stressen dich höchstwahrscheinlich nur noch mehr. Weil du merkst, es ist nicht dein Thema oder eine dir dienliche Methode. Ich gehe in einigen Stellen dieses Buches so vehement auf diesen Aspekt ein, weil ich gerade am Anfang wirklich ALLES versucht und „mitgenommen" habe, was mir so an alternativen Heilungsmöglichkeiten über den Weg lief. Und das hat mich irgendwann vollkommen überfordert. Und so viele alternative „Mittelchen" konnte ich gar nicht nehmen, wie ich im Repertoire hatte. Aber es waren eben nicht alle MEINE Mittelchen, sondern die, die andere als dienlich empfunden hatten. Das ist ja auch in Ordnung, Dinge empfohlen zu bekommen. Das Einzige, was ich dir sagen will:

Spür in dich hinein, ist es das, was dich auf DEINEM WEG stärkt?

Oder gehst du damit den Weg eines anderen?

Und ich versuche immer mehr und mehr, die Emotion, die gerade da IST, erst gar nicht mehr wegzusperren. Also nicht mehr zu unterdrücken, sondern wahrzunehmen, was gerade IST. Und wenn ich dies so wirklich zulasse, dann kommt ganz automatisch das Loslassen. Und die Emotion wird so nicht unterdrückt und setzt sich gar nicht in unserem System fest. Denn alles, was unterdrückt wird, will an die Oberfläche und will gesehen werden. Und je mehr wir diese „unangenehmen"

Emotionen wegsperren, desto mehr verlieren wir den Zugang zu unserer Intuition und unserem Herzen. Ich denke, das ist ein Übungsweg, nichts, was mal eben so, „schwuppdiwupp" einfach da ist. Auf diesem Weg bin ich auch, ich bin auch im Übungsmodus. Und je mehr ich in Achtsamkeit meine Emotionen spüre und zulasse, umso mehr habe ich das Gefühl von Leichtigkeit und von Freiheit. Und diesen Zugang zu meinen Emotionen finde ich in der Stille, in der Meditation. Darauf gehe ich auch später noch näher ein.

Wenn du magst, frage dich ehrlich:

Was fühle ich gerade JETZT?

Wie geht es mir WIRKLICH?

Und wenn wir unsere Emotionen wirklich zulassen und spüren, kommen wir auch in den Zustand der Akzeptanz von dem, was gerade ist, was sich gerade zeigt. Denn ich glaube, Heilung beginnt erst einmal damit, die Situation, die gerade IST, zu akzeptieren. Und zu fühlen, WAS IST, und dazu JA zu sagen.

Also kurzgefasst:

JA, ich habe Krebs, auch wenn mir das ganz und gar nicht gefällt, aber er zeigt sich. JA, ich akzeptiere die Realität, die sich zeigt mit den dazugehörigen Emotionen, UND ich kann wählen, wie ich mit dieser neuen Situation umgehe.

DANN KOMM WIEDER IN EINE POSITIVE HALTUNG.

„Kopf nach oben, nach vorne schauen."

Es gibt ja schon sehr lange den Trend des positiven Denkens und es gibt unzählige Bücher dazu. Ich persönlich habe das jahrelang praktiziert und zum einen hat es mir genützt, mein „Glas war immer halb voll" und ist es auch heute noch. Zum anderen musste ich mir eingestehen, dass ich den ersten Schritt, das Zulassen „negativer" Gefühle, meistens übersprungen habe. Und ich hatte „Angst vor der Angst" bzw. vor „negativen" Gefühlen, meinen Schatten. Meine persönliche Erfahrung ist, dass ich erst mein inneres Licht wirklich zum Leuchten bringen kann, wenn ich auch meine Schatten integriere. Ich glaube auch, dass dies unser Weg als Menschen ist, das Spiel zwischen Licht und Schatten, um darin unsere innere Balance zu finden. Aber wir wollen so oft unsere Schattenseiten unter den Teppich kehren. Die meisten von uns haben gelernt, „gute Miene zu schlechtem Spiel" zu machen. Wir wollen ganz entspannt sein und glücklich wirken, aber gleichzeitig verlangen wir oft zu hohe Leistungen von uns. Und plötzlich stecken wir in einer Stressfalle und sind im Perfektionswahn gefangen. Wir wollen ja oft ganz cool rüberkommen, uns nicht in die Karten schauen lassen und haben immer ein Lächeln auf den Lippen und möchten, dass unsere Gegenüber denken, ach, der geht es aber gut. Das ist ein wunderbares Ziel, immer glücklich zu wirken, das hatte ich auch jahrelang, ich verstehe das. Aber wir sind dann auch nicht authentisch, sondern kehren unseren inneren „Dreck unter den Teppich". Statt den „Dreck" wegzumachen, damit alles wieder in uns wirklich authentisch strahlen kann. Und ich denke, wir sind nun mal jetzt hier auf der Erde in diesem Leben als Menschen und wir leben hier in der Polarität. Es gibt Licht und Schatten, es gibt Yin und Yang, Gesundheit und Krankheit, es gibt Reiche und Arme, es gibt Liebe und es gibt Angst usw. Was ich sagen will, ich glaube, dass es vielen Menschen so wie mir geht, dass wir oft den ersten Schritt auslassen. Und dann funktioniert das mit dem positiven Denken nicht so gut, wie wir das gerne hätten. Denn unterdrückte Emotionen wollen gesehen, gefühlt und transformiert werden, denn sonst schieben sie sich vor deine wohlgemeinten positiven Gedanken.

Ich denke, das ist ein Wechselspiel, in dem wir alle leben. Wir brauchen beides, unsere Emotionen wirklich zuzulassen und freizusetzen und dann den Kopf zu erheben und unser inneres Licht wieder strahlen zu lassen. Daher kann auch kein Mensch permanent glücklich sein, aber jeder Mensch kann täglich viele glückliche und positive Momente erleben. Und jeder Mensch kann sein inneres Licht zum Leuchten bringen. Auch wenn die Umstände oft alles andere als schön sind, wie bei einer Krebs-Diagnose oder wie in dieser extrem herausfordernden Corona-Zeit, in der ich begann, dieses Buch zu schreiben. Das ist alles erst einmal überhaupt nichts Schönes, ganz im Gegenteil! Ich will auch nichts schönreden. Aber jede Medaille hat immer zwei Seiten. Und wir dürfen immer versuchen – auch in einer lebensbedrohlichen Situation –, beide Seiten der Medaille wahrzunehmen. Ja, ich weiß, das kostet mitunter extrem viel Kraft, aber es lohnt sich. Oft können wir das auch erst im Nachhinein sehen, aber das ist auch vollkommen in Ordnung. Ich hatte auch Phasen, in denen ich nur eine Seite sah und nur meine „ungute Diagnose" vor Augen hatte und es mir extrem schlecht ging. Und diese Phasen kommen auch immer mal wieder bei mir vor, das ist in Ordnung. Aber wir können uns entscheiden, wie wir mit diesen Herausforderungen umgehen und ob wir in den vermeintlich negativen Erfahrungen nicht doch auch etwas Positives sehen können. Und ob wir zulassen, dass durch diese Diagnose oder andere dramatische Ereignisse, neben dem, was alles doof und schrecklich ist, auch ein neuer Raum entstehen darf. Ein Raum, in dem wir uns noch tiefer mit uns und unserer inneren Kraft verbinden dürfen. Es gibt immer mehrere Sichtweisen und mindestes immer zwei Seiten einer Medaille. Entscheide, welche Stichweise du wählen willst!

Frage dich:

Was lässt dich in eine positive Stimmung kommen?

Was ist die „gute Seite der Medaille"?

Wie wäre es, wenn du deine Situation aus verschiedenen möglichen Sichtweisen betrachtest?

Wie wäre es, wenn du deine Sichtweise ändern würdest?
Was lässt dich strahlen und was erfreut dein Herz?
Was macht dir unbändigen Spaß?

Dann tue es, so oft und so intensiv wie nur möglich. Habe so viel Spaß wie irgend möglich. Genieße diese wunderbaren Augenblicke und konserviere sie in deinem Herzen.

Bei mir war es zum Beispiel die Wiederentdeckung meiner Kreativität. Die hatte ich bis zu der Diagnose fast vollständig unterdrückt. Und das tat mir nicht gut. Und auch wenn diese Diagnose mein Leben und das meiner Familie völlig auf den Kopf gestellt hat und ich mir wirklich von ganzem Herzen wünschte, dies meiner Familie ersparen zu können. Und sich unzählige Situationen auf meinen Weg wirklich schrecklich anfühlen. So kann ich doch sagen, dass ich auch das Privileg habe, durch diese Situationen persönlich zu wachsen. Ich lerne mich selbst mehr und mehr zu lieben und Dinge zu tun, die mein inneres Licht viel heller strahlen lassen. Und dafür bin ich aus tiefstem Herzen dankbar. Und ich weiß, es gibt Menschen, die werden diese Sätze nicht verstehen. Ich hatte zum Beispiel ein Erlebnis, bei dem ich ein paar Wochen nach der Diagnose völlig fassungslos gefragt wurde: „Wie kannst du nur gute Laune haben, wie kann es dir gut gehen, du musst doch am Boden zerstört sein..."

Tja, natürlich, das bin ich auch manches Mal. Aber ich habe mich entschieden, wann immer ich gefragt werde, wie es mir geht, in mich hineinzufühlen und dann ehrlich zu antworten. Und meistens ist die ehrliche Antwort: Es geht mir gut. Wahrscheinlich denken manche Menschen, ach, die verdrängt ihre Situation komplett und macht auf gute Laune, das ist alles nur gespielt. Aber es ist so, dass ich jetzt, viel mehr als vor der Diagnose, im Moment, im Hier und Jetzt leben kann. Und das Leben mehr zu schätzen weiß und genießen kann. Das ist natürlich auch nicht immer so, aber es gelingt mir immer öfter und es wird immer intensiver. Und wenn es mir in dem Moment, in dem ich gefragt werde, nicht gut geht, dann sage ich das auch. Und ich fange nicht an zu jammern. Ich hoffe zumindest, dass mir das oft gelingt. Das ist ein großer Unterschied, finde ich, zu sagen, was gerade ist und wie es ist, oder zu jammern. Ich meine das so, wenn du einem Vertrauten sagst: Du, es geht mir gerade nicht gut, weil… Dann ist das ehrlich und kann dir sehr helfen. Mit Jammern meine ich Menschen, die leider in einer Zwangsschleife der Negativität gefangen sind. Besonders extrem fällt mir das Spiel „Mir geht es aber noch viel schlechter als dir, meine Krankheit ist schlimmer als deine, meine Nebenwirkungen sind noch schlimmer…" auf. Damit möchte ich niemanden verurteilen. Dieses Verhalten ist ein Schrei nach Aufmerksamkeit und Liebe. Und es geht diesen Menschen emotional oder körperlich auch tatsächlich schlecht. Aber sie könnten wählen, wie sie mit einer Situation umgehen. Und ich wünsche jedem, der in so einer Schleife der Negativität gefangen ist, von ganzem Herzen, dass er einen Ausweg findet.

Und du, liebe Leserin oder lieber Leser, denk immer daran, du hast die Wahl, mit wem du deine Zeit verbringen willst.

Wer tut dir jetzt gut?

Wer unterstützt dich in dieser herausfordernden Zeit?

Denn die Stimmung der Menschen in unserem Umfeld färben automatisch auf unsere Stimmung ab. Und leider neigen wir Menschen oft dazu, Ängste von Mitmenschen zu übernehmen. Also diese „fremden" Ängste als unsere eigenen anzunehmen, obwohl wir sie vorher gar nicht hatten. Gerade wenn du persönlich von Krebs oder von einer anderen Erkrankung betroffen bist, frag dich jetzt mehr denn je in deinem Leben: Was oder wer tut mir jetzt gut? Gibt es vielleicht Freundschaften, die ich nur noch aus Pflichtgefühl, mehr recht als schlecht am Laufen halte? Das ist natürlich deine persönliche Entscheidung, aber wähle mit Bedacht aus, mit wem du deine kostbare Zeit verbringen möchtest.

Und ich will an dieser Stelle betonen, dass ich für mich nicht in Anspruch nehme, das alles „richtig" zu machen. Das können wir Menschen gar nicht, es gibt keinen perfekten Menschen und kein Richtig und Falsch. Und das ist auch gut so. Sonst hätten wir gar kein Entwicklungspotential mehr auf unserem Weg hier auf der Erde. Aber ich denke, der erste Schritt ist, dass wir uns mit uns selbst beschäftigen und Dinge erkennen.

Und ich kann nur aus meiner Erfahrung sprechen: Als ich begann, den ersten Schritt vor dem zweiten zu machen, als ich begann, mich um meine unterdrückten Emotionen zu kümmern, ich sie zuließ, sie fühlte und alte festsitzende Emotionen losließ, verschwanden diese von selbst. Und dann war der Weg frei, um wieder, Schritt für Schritt, jeden Tag zu wachsen und jeden Tag mehr und mehr auf meine Herzensstimme zu hören. Das heißt jetzt nicht: Ich bin fertig, alles erledigt. Sondern ich denke, dass dies zu unserem Weg der persönlichen Weiterentwicklung gehört, und damit sind wir lebenslang beschäftigt, mal mehr und mal weniger intensiv.

WAS IST DEIN WARUM, WAS TREIBT DICH AN?

„Dein Kind braucht dich."

Was treibt dich an?

Wofür stehst du jeden Morgen auf?

Was lässt dein Herz höherschlagen?

Letzten Endes geht es in der Frage um deine Lebensaufgabe. Hier in dem Beispiel mit meinem „Chemo-Engel" war das Ganze fokussiert auf den einen Aspekt, das „Muttersein". Das ist natürlich ein sehr wichtiger und wundervoller Teil. Ich liebe meinen Sohn und bin unendlich dankbar, dass er da ist, er ist das Beste, was mir passieren konnte! Aber das „Muttersein", die Familie und Freunde sind für mich nicht das Einzige, was mich ausmacht und wofür ich lebe. Das sind sehr wichtige Aspekte, aber eben nicht alles. Mein neu hinzugekommenes „Warum", mein neuer Antrieb ist, Menschen auf einer noch tieferen Ebene zu unterstützen, als ich es bisher getan habe.

Vor der Diagnose arbeitete ich als selbstständige Marketingberaterin und Coach. Meine Kunden waren Augenoptiker, da dies meine berufliche Heimat ist und ich mich deshalb auf diese Gruppe spezialisiert hatte. Das hatte auch Sinn, da ich mich gut in die Bedürfnisse meiner Kunden einfühlen konnte und wusste, wie sie ticken, da ich ja selbst den Beruf der Augenoptikerin gelernt habe und die Branche gut kenne. Die Arbeit machte mir Spaß. Meine Kunden waren allesamt wunderbare Menschen. Mit den meisten war ich per

Du und mit meinem Geschäftspartner habe ich mich sehr gut verstanden. Ich konnte ihm auch mit gutem Gewissen meine Kunden übergeben. Sodass ich mir nach der Diagnose keine Sorgen machen musste, wer sich jetzt um meine laufenden Berater-Verträge kümmerte. Dafür war und bin ich ihm dankbar.

Trotzdem spürte ich mit dem zeitlichen Abstand von der Arbeit, dass mir dies auf Dauer nicht reichte. Ich hatte mit dieser Arbeit zwar Menschen geholfen, noch erfolgreicher in ihrem Geschäft zu sein. Aber letztlich ging es größtenteils um die materielle Ebene. Das ist auch vollkommen in Ordnung, denn ich bin immer dafür, dass sich Fülle zeigen darf. Aber mein innerer Wunsch ist es jetzt, Menschen auf einer noch persönlicheren Ebene zu begleiten. Und mein erster Schritt ist dieses Buch. Meine nächsten Schritte kenne ich noch nicht zu hundert Prozent, aber ich habe viele Ideen und ich bin mir sicher, dass ich diese umsetzen werde. An dieser Stelle möchte ich dir ein Buch empfehlen, was mir an diesem Punkt und auch an anderen Punkten sehr geholfen hat: „Neun Wege in ein krebsfreies Leben" von Kelly Turner[5]. Das Buch ist sehr ermutigend und kraftvoll, wie ich finde. Sie hat sehr viele Patienten mit „Spontan-Remissionen[6]" (sie nennt es Radikal Remission) interviewt. Mit der Frage, was diese Menschen glauben, warum sie trotz der Prognose „unheilbar" doch wieder gesund wurden. Und dabei fiel ihr auf, dass bei allen Befragten immer dieselben neun Punkte vorkamen. Kapitel 9 heißt „Starke Gründe für das Leben haben". Das ganze Buch – aber dieses Kapitel besonders – hat mich sehr inspiriert, mir diese Frage wirklich grundlegend neu zu stellen. Um dann zu schauen: Was sind wirklich meine Herzenswünsche für mein Leben? Wenn Du magst, frage dich jetzt auch: Wie willst du leben?

Was möchtest du aus tiefstem Herzen tun?

Was ist DEIN WARUM?

Wann, wenn nicht jetzt, wenn du eine solche lebensbedrohliche Diagnose bekommen hast, willst du dir diese Fragen stellen? Vielleicht stellst du sie dir schon, vielleicht ist das aber weit von dir entfernt, dir solche Fragen ehrlich zu stellen. Ich kann dir nur sagen, es lohnt sich!

Ich kann dir noch eine Übung empfehlen, um DEIN WARUM zu finden. Diese kenne ich aus dem Buch „Wishcraft" von Barbara Sher. Ich erzähle es in meinen Worten und aus meinem Gedächtnis:

Stell dir vor, du bist vollkommen gesund, du bist finanziell vollkommen abgesichert und du hast auf allen Ebenen alles, was du brauchst. Traumhaus, Traumbeziehung, Traumkinder, Gesundheit, tolle Freunde, alles, was du dir wünschst, ist schon da. Und dann nimm dir spontan einen Zettel und Stift und schreibe auf: Mein perfekter Tag. Und schreibe im Detail auf, wie genau dein perfekter Alltag (nicht Urlaub) aussieht. Wann stehst du auf? Mit wem? Was frühstückst du? Was sind deine Tätigkeiten den ganzen Tag über? Schreibe alles so detailliert wie möglich auf. Mit wem und was isst du zu Mittag? Wie fühlst du dich? Was tust du? Mit wem? Welche Rituale hast du? Wie gestaltest du deinen Abend? Wann, wo und mit welchem Gefühl gehst du schlafen?

Ich finde diese Übung immer sehr hilfreich um mein persönliches WARUM? zu finden. Viel Spaß dabei, wenn du magst.

HABE EINEN UNERSCHÜTTERLICHEN GLAUBEN UND MANIFESTIERE.

„Chemo heilt alles." Sie hat das so voller Inbrunst und aus tiefstem Herzen gesagt, dass es quasi „ansteckend" für mich war.

Diese Dame, mein „Chemo-Engel", hat mich so sehr berührt mit ihrem unerschütterlichen Glauben, dass die Chemo alles heilen kann, dass ich dieses Erlebnis und ihre Worte niemals wieder vergessen werde. Das hat mir viel mehr geholfen als viele Bücher zu dem Thema. Weil diese Frau mein Herz wirklich berührt hat. Aber von einem Buch, mit dem mein spiritueller Weg begann, will ich noch erzählen. Denn es geht genau um das Thema Manifestation. Ich bekam, wie und woher weiß ich leider nicht mehr, ein Buch in die Hand, als ich circa 25 Jahre war. Viele kennen es, den Klassiker „Bestellungen beim Universum" von der leider schon verstorbenen Bärbel Mohr[8]. Danach begann ich spielerisch, Parkplätze beim Universum zu bestellen. Das empfiehlt Bärbel Mohr für die Anfänge im Manifestieren. Es hat wunderbar geklappt und klappt bis heute meistens sehr gut. Es sei erwähnt, sie stellt in dem Buch alles sehr vereinfacht und spielerisch dar. Aber genau das hat mir damals den Zugang dazu eröffnet, mich mehr mit Sinnfragen zu beschäftigen und erste Gehversuche im Manifestieren zu machen. Und ich weiß, es fällt viel leichter, sich „spielerisch" und mit Leichtigkeit einen Parkplatz zu „bestellen", da es dabei ja „um nichts geht". Wenn es darum geht, sich „vollständige Heilung und Gesundheit zu bestellen", fehlt mir dabei verständlicherweise oft die Leichtigkeit und das Spielerische. Und das Loslassen des Wunsches ist eben nicht so einfach in unserer 3D-Realität. Aber ich bin eine unverbesserliche Optimistin und glaube an die Kraft unserer Träume.

„Träume dir dein Leben schön und mach aus diesen Träumen eine Realität."
Marie Curie

Mittlerweile finde ich diese Methoden zum Manifestieren für mich am hilfreichsten: Du könntest mit einem Vision-Board arbeiten. Das ist eine Art Collage, auf die du dir in Bildern oder auch einzelnen Worten deine Träume und Ziele aufklebst. Und durch das Anschauen der Bilder verbindest du dich immer wieder mit deinem Ziel, beispielsweise ganz gesund zu sein, oder anderen Wünschen und Zielen. Oder du kreierst diese Ziel- oder Wunsch-Bilder mit deiner inneren Vorstellungskraft. Immer wieder beim Einschlafen, beim Aufwachen und beim Meditieren visualisiere ich ein inneres Bild dafür, welches für meine persönliche Gesundung steht. Für mich ist es eine Szene an meinem Traum-Strand, an dem ich entlanglaufe und mich vollkommen gesund und frei fühle.

Probiere einfach aus, was für dich hilfreich ist, es gibt viele Methoden und du wirst die für dich passende finden, wenn du das willst.

Was willst du mehr und mehr in dein Leben bringen?

Welche Realität willst du für dich visualisieren und kreieren?

Hier noch ein praktischer Tipp am Rande bzgl. innerer Bilder. Diese Methode nutze ich immer, wenn ich in einem MRT liege. Und da war und bin ich oft drinnen, alle drei Monate. In den MRTs sind ja neben der Angst vor dem Ergebnis und der Enge die Geräusche meiner Meinung nach die größte Herausforderung. Klar hat man einen Kopfhörer auf, aber ich finde, es ist dennoch sehr laut. Da ich in meiner Coaching-Ausbildung gelernt habe, Störgeräusche zu integrieren und sich „zu Nutze" zu machen, kam ich auf die Idee, mithilfe der MRTs Geräusche zu visualisieren. Je nach MRT hat man ja ein starkes Hämmern, aber auch sehr undefinierbare und disharmonische Geräusche auf dem Ohr. Mir kam die Idee, mir einen riesengroßen 3D-Drucker vorzustellen, der unentwegt bunte fröhliche Figuren druckt. Und die MRT-Geräusche sind die Geräusche des Druckers in meiner Phantasie. Zum Beispiel „drucke" ich viele Herzchen, rosa Elefanten, bunte Blumen und alles, was mir gerade so in den Sinn kommt. So habe ich mit inneren Bildern unzählige Blumenwiesen und tausende von Herzchen „gedruckt". Das hilft mir sehr, mit diesen vielen anstrengenden Untersuchungen klarzukommen. Am Anfang habe ich versucht, Strand und Meer zu visualisieren, wie bei meiner Gesundheitsvisualisierung. Aber die Geräusche waren für mich zu störend, denn in ein Strand-Bild konnte ich sie nicht integrieren. Wenn du aber die störenden Geräusche in dein Visualisierungsbild inte-grierst, helfen sie dir, noch tiefer in deine inneren Bilder einzutauchen. Sie verstärken sozusagen das Bild noch mehr und du kannst dich mehr entspannen.

Und wegen der Enge im MRT mache ich es so, dass ich von Anfang bis Ende die Augen geschlossen habe, so habe ich meinen Umgang mit der Enge gefunden. Aber das ist wie bei allem sehr individuell, jeder hat da andere Methoden. Vielleicht konnte ich dem einen oder anderen damit eine kleine Idee für das nächste MRT geben.

NIMM HILFE UND UNTERSTÜTZUNG AN, WIR SIND ALLE VERBUNDEN.

„Ich bete jeden Tag für dich."

Ich muss sagen, dieser Punkt ist für mich der schwerste. Ich wollte und will meistens Dinge alleine schaffen. Hilfe anzunehmen war für mich schon immer sehr schwer. Aber das geht bei einer Diagnose wie Krebs nicht so gut, keine Hilfe anzunehmen. Ich werde durch die Diagnose quasi gezwungen, Hilfe anzunehmen. Ohne meinen Lebenspartner wäre ich aufgeschmissen und könnte mir zum Beispiel die regelmäßigen, weiten Fahrten zu weiter entfernten Kliniken „abschminken". Und auch bei vielen Alltagsdingen könnte ich es alleine nur sehr viel schwerer schaffen. Ich bin sehr dankbar, durch ihn so viel Unterstützung zu bekommen, natürlich auch auf emotionaler Ebene. Auch wenn es mir bis heute noch nicht leichtfällt, habe ich erlebt, dass es heilsam ist, Hilfe und Unterstützung zuzulassen. Ich war und bin immer eher die, die anderen helfen wollte und will. Manchmal, wenn Krankenschwestern so liebevoll und hilfsbereit waren, kamen mir vor Rührung die Tränen. In der anthroposophischen Medizin ist es oft üblich, ein Fußbad am Abend vor dem Schlafengehen zu bekommen. Die Krankenschwestern bieten an, nach dem Fußbad die Füße aus dem Bad rauszuholen und abzutrocknen. Das habe ich noch nie annehmen können, das mit dem Füße-Abtrocknen, das Fußbad schon. Ich denke, Menschen, die es nicht alleine schaffen, ok. Aber ich kann das doch und dann mache ich es alleine. Nie würde mir in den Sinn kommen, nach einer Schwester zu klingen, wenn es nicht anders geht. Aber bei vielen Dingen brauchte ich in den letzten zweieinhalb Jahren wirklich die Hilfe von Krankenschwestern und ich habe gelernt, diese Hilfe immer mehr zulassen, und dafür bin ich unendlich dankbar. Auch wenn es mir oft schwerfiel, aber ich durfte lernen, Hilfe anzunehmen, wenn ich sie wirklich brauchte. Zum Beispiel, bevor meine plötzlich sehr schmerzhaften Knochenmetastasen bestrahlt wurden, hatte ich so starke Schmerzen, dass ich nicht laufen konnte. Es fiel mir schwer, diese gerade mal zwei Tage im Rollstuhl zu sitzen und wirklich pflegerische Hilfe beim Aufstehen usw. anzunehmen. Aber in dem Moment ging es nicht anders und ich lernte, die Situation anzunehmen. Es war glücklicherweise eine nur kurze Zeitdauer, denn die Schmerzen wurden sehr schnell im Laufe der Bestrahlungen viel besser und verschwanden völlig. Die betroffene Stelle, das Sternum, ist wohl gut zu bestrahlen, da sie nicht tief liegt. Wenn alle Behandlungen so einfach und ohne Nebenwirkungen für mich wären, wäre das schön. Ich bin sehr dankbar für diese Bestrahlungen, die so gut halfen, dass ich vollkommen schmerzfrei wurde, und das komplett ohne Schmerzmittel. Als ich vor der Bestrahlung so schlimme Schmerzen hatte, musste ich starke Schmerzmittel, also Opiate, nehmen. Und was ich in dieser Bestrahlungspraxis auch als ganz heilsam erlebt habe, war der zugewandte und herzliche Umgang des Arztes und der Mitarbeiter mit den Patienten. Überall gibt es Engel in Menschengestalt und die kommen oft als Krankenschwestern, Mitpatienten oder Ärzte in unser Leben. Tausend Dank an all diese Menschen!

Mein „Chemo-Engel", von dem ich hier schreibe, hatte gesagt: „Ich bete für dich." Das hat mich zutiefst berührt und hat mir geholfen. Es kam von Herzen. Aber manchmal habe ich im Umgang mit einigen wenigen Mitmenschen das Gefühl, von meinem Gegenüber als „die arme Kranke" gesehen zu werden. Ganz mitleidige Blicke und Worte in einem „säuselnden" Ton lösen dieses Gefühl bei mir aus. Also bei manchen Menschen habe ich das Gefühl, dass dann derjenige meint, weil er „gesund" ist, steht er über dem „Kranken". Dieses Verhalten läuft natürlich völlig unbewusst ab. Es entspringt, so denke ich, bei der anderen Person aus persönlicher Angst und Unsicherheit. Nochmal, ich unterstelle hier niemandem böswilliges Verhalten oder schlechte Absichten! Aber ich weiß von vielen Mitpatientinnen, dass sich manchmal Freunde oder manchmal auch Familienmitglieder komplett abwenden oder sich extrem merkwürdig verhalten. Wenn das so bei dir sein sollte: Es liegt NICHT an dir! Es liegt an der Unsicherheit und der Angst deines Gegenübers. Das Wort Krebs erzeugt bei den meisten Menschen eine ungeheure Angst. Es ist meist ihre eigene Angst, sie könnten auch mal eine solche Krankheit haben. Und die Unsicherheit entsteht aus Hilflosigkeit, weil sie nicht wissen, wie sich dir gegenüber verhalten sollen. Ich weiß, es schmerzt oft sehr. Aber zum Glück gibt es auch die Menschen, die dich ganz normal behandeln. Das sind in meinem Umfeld zum Glück fast alle. Und das wollen wir doch eigentlich fast alle, ganz normal behandelt werden und nicht „bemitleidet". Wenn unser Gegenüber uns einfach als Mensch auf Augenhöhe sieht, ohne sich selbst über uns zu stellen, dann finden wahre Begegnungen statt. Er sieht uns, wir sehen ihn und dann kommen liebevolle, gute und heilsame Gedanken und Wünsche bei uns und dem Mitmenschen an.

Ich denke, für Menschen, denen es wie mir schwerfällt, Hilfe anzunehmen, könnte es hilfreich sein, zuerst zu lernen, sich selbst zu lieben. Um uns dann auch zuzugestehen, Hilfe annehmen zu dürfen. Also, natürlich gibt es auch bei Menschen das Gegenteil, sie fordern übermäßig viel für sich ein und schauen nur auf die eigenen Bedürfnisse. Sie fragen andere Menschen nie, wie es ihnen geht, und haben überhaupt kein Problem, Hilfe anzunehmen, ganz im Gegenteil, sie fordern sie ein. Aber wie so oft finde ich, die Wahrheit liegt in der Mitte. Es ist also gut, Hilfe anzunehmen, und es ist gut, anderen zu helfen. Am besten wäre es für uns wahrscheinlich, wenn sich dies die Waage hielte. Wir auch da in Balance sind. Ich erlebe bei diesem Thema oft zwei sehr unterschiedliche Menschengruppen. Die einen, die mehr nehmen, und die anderen, die mehr geben. Zuviel Geben ist definitiv ungesund, wenn wir uns dabei selbst verlieren. Zu viel zu nehmen und nichts zurückzugeben ist aber auch nicht besser. Ich versuche in diesem Punkt immer wieder, achtsam wahrzunehmen, in meine Balance zu kommen. Oft gelingt mir es, aber manchmal auch nicht. Ich darf weiter lernen, wie jeder Mensch.

Wenn du magst, frag dich:

Welche Unterstützung und Hilfe darf ich jetzt annehmen?

Was tut mir JETZT gut?

GLAUBE AN EINE HÖHERE LIEBEVOLLE MACHT, DAS UNIVERSUM, GOTT, ALLAH, DEIN HÖHERES SELBST, ENGEL, EGAL AN WAS DU GLAUBST, HAUPTSACHE ES IST FÜR DICH POSITIV UND STÄRKT DICH.

Bei ihr war es eben Allah.

Bitte sei nicht irritiert und verstehe mich nicht falsch. Ich meine nicht, dass ich dich ermutigen will, in eine Kirche zu gehen oder irgendeiner Religion beizutreten. Ich will aber auch nicht dagegensprechen, wenn du es tust. Auch da ist die Wahrheit für jeden eine andere. Ich meine nur, dass es für jeden Menschen heilsam sein kann, an etwas zu glauben. Ich glaube, überhaupt an etwas zu glauben, hilft und trägt uns Menschen.

Du könntest dich fragen:

Gibt mir mein Glaube Halt, stärkt er mich?

Dann glaube weiter daran. Wenn du an etwas glaubst, was dich schwächt, spüre tief in dich hinein und ändere deinen Glauben in einen dich stärkenden. Das ist natürlich ein Prozess, aber ein lohnender, wie ich persönlich finde. Und wenn du jetzt denkst: „Was für einen Quatsch die hier schreibt", ist das auch vollkommen in Ordnung. Ich will niemandem etwas unterjubeln, sondern ich wünsche mir von ganzem Herzen eine Welt, in der wir alle glücklich sind, gesund sind und friedvoll miteinander leben. Und dafür ist die Akzeptanz, dass andere Menschen andere Meinungen haben und einen anderen Glauben haben dürfen, sehr entscheidend, wie ich finde.

Ich kann dir noch erzählen, was mir in den letzten Jahren sehr geholfen hat, meinen Glauben neu zu sortieren und mein Gottesbild zu transformieren. Und zwar waren es bei mir hauptsächlich – aber schon weit vor der Diagnose – die Bücher von Neal Donald Walsch „Gespräche mit Gott"[9]. Ich habe erkannt, dass mein Gottesbild hauptsächlich von Angst gesteuert war. Ein Bild eines richtenden Gottes, vor dem man Angst haben soll, wenn man etwas falsch macht. Das ist aus meiner heutigen Sicht nicht richtig, sondern ausschließlich menschengemacht. Gott, das Universum, das Allumfassende, oder wie auch immer du es für dich nennst, ist reine Liebe und richtet nicht und straft nicht. Das sind Konzepte, die wir hier in der Dualität leben und die Menschen auf ihr Gottesbild übertragen haben. Ein liebendes Gottesbild stärkt dich und es hilft dir, in schwierigen Zeiten zu wachsen. Aber mache dir ein eigenes Gottesbild und vielleicht hast du deins und es dient dir und stärkt dich. Dann ist das wunderbar! Das wird dir in jeder Form einer Krise helfen und dich stärken. Wenn dich dein Glaube aber schwächt und dir nicht dient, dir vielleicht sogar Angst macht, dann kann ich dir nur aus ganzem Herzen empfehlen, dieses Thema für dich ehrlich anzuschauen, dich damit zu beschäftigen und das Thema für dich zu heilen. Dieses Kapitel habe ich Zuversicht genannt. Weil es immer zwei Seiten einer Medaille gibt. Und wir können uns entscheiden, welcher Seite wir mehr Aufmerksamkeit schenken. Der zuversichtlichen oder der pessimistischen. Wir können uns entscheiden, welche Betrachtungsweise wir favorisieren, ohne die pessimistische Seite in uns zu unterdrücken und zu leugnen. Dieses Erlebnis mit meinem „Chemo-Engel" hat mir sehr viel Zuversicht geschenkt. Deshalb bin ich auch hier so ausführlich darauf eingegangen. Es hat mir geholfen, immer wieder meinen Kopf hochzuhalten und nach vorne zu schauen. Und ich bin unendlich dankbar für diese Frau, meinen persönlichen „Chemo-Engel". Sie hat aus ihrem Herzen gehandelt, das konnte ich deutlich spüren. Und da ist es egal, welcher Religion wir angehören oder nicht, ein liebendes Herz kommt immer an. Garantiert.

SELBSTBESTIMMUNG

Zum Glück brauchst du Freiheit,
zur Freiheit brauchst du Mut.

Perikles

Dieses Kapitel liegt mir besonders am Herzen. Ich hätte es auch den „mündigen Patienten" nennen können.

Viele Menschen googeln ja diverse Krankheiten, Behandlungsmethoden und Nebenwirkungen im Internet. Das ist nicht mein Weg. Ich beschäftige mich niemals mit möglichen Nebenwirkungen von Chemos. Außer dem, was mir im Krankenhaus darüber gesagt wird, aber dem Gesagten schenke ich dann auch nicht viel Beachtung. Einmal war eine Apothekerin mit im Chemo-Zimmer. Es war ihre erste Chemo und sie sah sich genau an, was jede Patientin so an Mitteln bekam. Sie fragte alle, hast du nicht diese oder jene Nebenwirkungen? Einen ganzen Fragenkatalog hatte sie parat. Und klar hatten wir alle einige Nebenwirkungen, aber längst nicht alle. Und alle anderen Mitpatientinnen wirkten auch ziemlich entspannt. Diese Frau war es ganz und gar nicht, sie konnte quasi alle Nebenwirkungen im Schlaf aufzählen und das half ihr nicht wirklich, dieses Fachwissen, sie war extrem verunsichert. Was will ich dir damit erzählen? Manchmal ist es meiner Meinung nach gut, nicht alles ganz genau zu wissen oder zu recherchieren.

Mit mündigen Patienten meine ich vielmehr, dich mit Möglichkeiten zu beschäftigen. Gerade wenn du Metastasen haben solltest oder du auf der Suche nach Behandlungsalternativen bist, kann das meiner Erfahrung nach manchmal sehr hilfreich sein. Ich habe gelernt, wenn ich das Gefühl habe, es sei notwendig, mir eine Zweitmeinung einzuholen, steht uns das zu, und darüber können wir sehr froh sein. Und das ist eine wunderbare Möglichkeit, wenn du das Gefühl hast, dass du mit den momentanen Optionen nicht zufrieden bist. Und dafür ist das Internet super. Wir können sehr leicht und schnell Ärzte, Behandlungsmöglichkeiten und neue Wege finden. Das ist ein Segen, wie ich finde. Die andere Seite der Medaille ist, dass wir uns darin auch verlieren können und dann vielleicht gar nicht mehr wissen, wie es weitergehen soll. Daher ist es für mich immer wieder elementar, mit meiner inneren Weisheit, meiner Herzensstimme in Kontakt zu kommen. Denn in manchen Fragen weiß das Herz oft hilfreichere Lösungen als der Verstand.

„Inmitten der Schwierigkeiten liegen die Möglichkeiten."
Albert Einstein

Ich bin nicht erst seit der Diagnose, sondern schon in den letzten Jahren immer mehr in Richtung Selbstbestimmung vorangeschritten. Ich begann sechs Jahre vor der Diagnose mit meiner beruflichen Selbstständigkeit, da ich unbedingt selbstbestimmt arbeiten wollte. Das war schon längere Zeit mein Herzenswunsch. Zuvor war ich elf Jahre im Außendienst und dort hatte ich gerade in den ersten Jahren viel Selbstbestimmung erfahren. Denn am Anfang meiner Tätigkeit galt, wenn die Umsätze stimmten und die Kunden zufrieden waren, war es nicht so relevant, auf welche

Weise man dieses Ziel erreichte. Ich hatte das Gefühl, relativ selbstbestimmt zu sein, da ich die Touren und die Art, wie ich verkaufte und beraten habe, selbst bestimmen konnte. Leider sind diese Zeiten in vielen Vertriebsstrukturen mittlerweile längst vorbei. Vermeintlich ausgeklügelte Vertriebsprogramme werden eingesetzt und so mancher Außendienstler kommt sich mittlerweile ferngesteuert und überwacht vor. Bei mir war dann der finale Auslöser für meine berufliche Veränderung ein Vorgesetzten-Wechsel. Dies bewirkte den Umschwung und holte mich aus meiner Komfortzone heraus. Damals fühlte ich mich sehr ungerecht behandelt und heute bin ich diesem Menschen extrem dankbar. Denn ohne ihn und sein für mich nicht tragbares Verhalten wäre ich immer weiter in meiner Komfortzone geblieben. Es war für mich so unaushaltbar, dass ich sehr spontan kündigte, ohne zu wissen, wie es für mich beruflich weitergehen würde. Manchmal ist eine Krise, in diesem Fall eine berufliche Krise, eine Chance, neue Wege zu gehen und sich weiterzuentwickeln.

Und so konnte ich nicht anders, als ich die Diagnose bekam, weil mein Innerstes nach Selbstbestimmung und Freiheit schrie, ich wurde eine „mündige Patientin". Das sind die Patienten, die von manchen Ärzten als anstrengend und unbequem empfunden werden. Aber in meinem Fall muss ich sagen, dass ich wunderbare Ärztinnen und Ärzte gefunden habe. Die diesen Weg gemeinsam mit mir gehen bzw. mich darin unterstützen, sodass ich meinen persönlichen Weg gehen kann. Dafür bin ich sehr dankbar.

Dennoch habe ich auch das krasse Gegenteil erlebt. Ich berichte dir gleich davon, weil ich dich mit diesen Beispielen ermuntern will, wenn du diesen Drang nach Selbstbestimmung ebenfalls verspürst, diesem Drang auch zu folgen. Vielleicht tust du es auch schon, das ist natürlich wunderbar. Und vielleicht hast du diesen Drang gar nicht, das ist auch das vollkommen in Ordnung. Vielleicht fühlst du dich damit wohler, immer das zu machen, was ein Arzt vorschlägt. Und wenn du dich damit gut fühlst, dann ist das der richtige Weg für dich. Das gibt auch viel Stabilität und Sicherheit und das ist vollkommen in Ordnung, das zu tun, was die Ärzte sagen, wenn du daran keine Zweifel hegst. Ich habe auch oft vertraut und diesen Weg gewählt. Aber in so manchen Situationen weiß ich: Stopp, das will ich nicht, so geht das für mich nicht. Und dann artikuliere ich das auch und ziehe meine Konsequenzen daraus.

Zum Beispiel war es bei mir das Thema Zähne, bei dem ich mich gegen den Rat der Ärzte entschieden habe. Da ich Knochenmetastasen hatte, wurden mir eine bestimmte Behandlung dafür empfohlen. Bei dieser Behandlung ist die Hauptnebenwirkung die Kiefernekrose. Deshalb braucht man eine ausgefüllte Bescheinigung vom Zahnarzt, dass der Zahnstatus in Ordnung ist. Bei mir war es so, dass meine Zähne gesund waren, nicht aber das Zahnfleisch. Mir wurde von meinem Zahnarzt, den ich bis dahin sehr schätzte, sehr viel Druck gemacht. Er wollte mir vier hintere, gesunde Zähne ziehen, quasi als vorbeugende Maßnahme, damit ich dann mit der besagten Behandlung beginnen konnte. Ich hätte „auf den Felgen gekaut", denn man kann in dem Fall kein Implantat einsetzen. Bei meiner Diagnose wurde mir gesagt, es ginge jetzt in der Hauptsache um meine Lebensqualität. Tja, und das hatte für mich nichts mit Lebensqualität zu tun. Daher habe ich mich rein intuitiv dagegen entschieden. Sein Vater, der mit ihm die Praxis führte, war im Übrigen auch meiner Meinung. Eine Praxis, eine Familie, zwei Meinungen. Auch machte es die Sache nicht leichter, denn so war ich noch in deren familiäre Unstimmigkeiten geraten. Also war meine logische Konsequenz ein Zahnarztwechsel. Der gestaltete sich derart schwierig, dass ich am Ende insgesamt von vier Zahnärzten, darunter eine Zahnklinik, bescheinigt bekam, vier bis fünf gesunde Zähne ziehen zu lassen. Das Wahnsinnige daran war für mich, dass alle vier Meinungen unterschiedlich waren. Sie unterschieden sich darin, von welchen Zähnen ich hätte Abschied nehmen sollen und von wie vielen. Das war für mich unglaublich und stärkte mein Vertrauen in das Urteilsvermögen dieser Ärzte nicht.

Und in der Zahnklinik, in der ich drei Nächte bleiben musste, weil ich einen kleinen Eingriff am Zahnfleisch vornehmen lassen musste, hatte ich ein für mich ebenfalls sehr unschönes Erlebnis. Normalerweise macht diesen Eingriff ein Zahnarzt ambulant. Aber wenn man in Chemo ist, muss man drei Tage stationär bleiben. Meine Bettnachbarin und ich wussten am ersten Tag noch nicht, was uns am nächsten Morgen unsanft aus dem Schlaf reißen sollte. Die Türen flogen auf und circa zehn Ärzte standen im Zimmer. Der eine war der Chefarzt, daneben sein „Vorleser": *„Beidseitiges Mammakarzinom, Metastasen in Knochen und Leber usw.".* Das war ich, er meinte MICH! Ich war nicht Frau Jung. Ich war meine Diagnose! Es wurde nicht mal guten Morgen gewünscht oder sich verabschiedet, geschweige denn wurde ich gefragt, wie es mir ginge. Das Ganze dauerte wenige Minuten, in denen über meinen Kopf hinweg über meinen „Fall" gesprochen wurde. Und das, ohne mich in irgendeiner Weise einzubeziehen oder mich als Mensch wahrzunehmen. Meinem Sohn bringe ich, seitdem er sprechen kann, bei, dass man immer Hallo und Tschüss sagt, und selbst dieses Minimum an Freundlichkeit kannte man dort nicht. Dasselbe Spiel bei meiner Bettnachbarin, das ganze Schauspiel dauerte keine fünf Minuten; und so schnell, wie sie erschienen waren, waren sie wieder weg. Meine Zimmernachbarin saß verdattert in ihrem Bett: *„Was war das, soll das eine Visite gewesen sein, die haben doch gar nicht mit uns gesprochen?"* Und ich war völlig sprachlos. Ich erfuhr dann später, dass dies die Chefarzt-Visite war, die zweimal wöchentlich Kassenpatienten zuteilwurde. Zwei Tage später war ich gewappnet, dachte ich. Ich war um sechs Uhr schon angezogen und nicht im Bett, sondern begrüßte die Delegation im Stehen. Das Prozedere war dasselbe, obwohl ich dastand und allen freundlich einen guten Morgen wünschte, bekam ich keine Antwort. Ein bisschen anders war es dann doch noch, der Chefarzt machte seine Ärzte vor mir nochmal verbal in harschem Ton „rund" und empörte sich lautstark. Dann besaß ich auch noch die „Frechheit", den Herrn Chefarzt mit einer Frage anzusprechen. Und der schaute mich nicht einmal an, wandte sich zum Gehen und ein anderer Arzt winkte ab und sagte nur: „Später, später". Und weg waren sie. Also zum Glück wurde ich an dem Tag entlassen, sonst hätte ich es auf eigene Verantwortung getan. Später erfuhr ich von Bekannten, dieser Arzt sei bekannt für solches Verhalten, sei aber eine Koryphäe auf seinem Gebiet. Klar finde ich es gut, wenn jemand Experte auf seinem Gebiet ist, aber ein Minimum an menschlichem Umgang ist für mich unabdingbar.

Am nächsten Tag hatte ich einen Termin bei „meiner" Oberärztin im Brustzentrum. Diese setzte sich mit mir an einen Tisch und besprach mit mir in aller Ruhe die aktuellen Therapie-Möglichkeiten. Sie sagte mir, ich solle das alles in Ruhe überlegen und sie würde es mir nächste Woche auch gerne nochmal erklären. Ich dankte ihr erst einmal für ihre tolle Arbeit, für ihre Art und Weise und ihre Menschlichkeit. Diese war der krasseste Gegensatz, den ich mir vorstellen konnte zu den vergangenen drei Tagen in der Zahnklinik. Sie sagte nur ganz bescheiden: „Ach, das ist doch selbstverständlich." Nein, das ist es leider nicht. Für sie ist es selbstverständlich, weil sie ihren Patientinnen immer auf Augenhöhe begegnet. Und eine solche Ärztin ist ein wirkliches Geschenk. Außerdem respektierte sie von Anfang an, was ich alles so neben der Schulmedizin noch unternahm, um gesund zu werden.

Zahnärztin Nummer Fünf war eine wunderbare anthroposophische Zahnärztin. Die konnte mir die besagte Bescheinigung auch nicht ausstellen, aber sie verstand mich und tut seitdem alles, damit es meinem Zahnfleisch und meinen Zähnen gut geht.

Letzten Endes habe ich diese besagte Behandlung wegen der Knochenmetastasen nie gemacht. Ich wurde regelmäßig gefragt, ob meine Zähne jetzt in Ordnung seien und ob wir jetzt starten könnten. Aber ich lehnte ab, da ich das Gefühl hatte, dass der Preis des Zahnverlustes zu hoch sein könnte.

Nun ist mir Folgendes wichtig zu betonen: Ich will dir NICHT sagen, dass diese Behandlung, falls du sie schon machst oder machen sollst, schlecht für dich ist und ich dich davon abhalten will. Nein, ich glaube, sie hilft vielen. Und ich kenne auch Patientinnen, die besagte Behandlung (mit Bi-Phosphonaten) machen und denen sie sehr hilft. Ich weiß auch nicht, wie ich entschieden hätte, wenn die Knochenmetastasen schwerwiegender gewesen wären. Und wenn mein Zahnfleisch in Ordnung gewesen wäre, hätte ich die Behandlung bestimmt nicht abgelehnt. Und ich sage dir hiermit auch nicht, dass ich denke, jeder muss alternative oder komplementäre Therapien machen. Denn ich mache hier keine Werbung für irgendeine Therapie oder spreche dagegen. Es gibt einfach viele Wege. Und ich erzähle dir dies alles nur, um dich daran teilhaben zu lassen, was ich gelernt habe. Und es ist dies, und ich kann es nur immer wieder betonen, frage dich:

Womit habe ich ein gutes Gefühl?

Zu welchen Behandlungen kann ich JA sagen?

Welchen Ärzten will ich vertrauen?

Ein weiteres Erlebnis war dies. Mir sagte mal ein Arzt: *„Wenn Sie diese Behandlung (eine andere Behandlung als im vorherigen Beispiel, hat nichts mit den Knochenmetastasen zu tun) nicht machen, sehen wir uns in drei Monaten nicht wieder. Das können sie nicht schaffen."* Das war der größte Schock-Moment in meiner Geschichte. Bis zu diesem Zeitpunkt hatte ich das Glück, dass mir eine Diagnose gestellt wurde, nicht aber eine Prognose. Und ich hatte schon in meinen ersten Tagen nach der Diagnose von einer Mitpatientin gelernt: „Höre die Diagnose, glaube nicht an die Prognose." Ich unterzog mich dann erst einmal dieser von ihm vorgeschlagenen Behandlung. Aber als ich diese für mich extrem unverträgliche Behandlung seiner Meinung nach acht Wochen später wiederholen sollte, sagte ich: Stopp! Ich lehnte ab und suchte mir als Zweitmeinung einen Spezialisten für dieses Gebiet. Dieser erklärte mir alles ganz wunderbar verständlich, nahm sich Zeit, merkte sofort, wie ich „tickte", und ging auf mich ein. Und ich machte die erneute Behandlung nie wieder.

Es geht mir hier nicht darum, irgendwelche Ärzte schlecht zu machen, daher bleibt das auch alles natürlich anonym. Sondern ich will dir mit meinen Erzählungen Mut machen, deinen persönlichen Heilungsweg zu gehen, mit den für dich passenden Ärzten an deiner Seite.

Und dafür bin ich so dankbar, dass es so tolle Ärztinnen und Ärzte gibt, denen ich vertrauen kann, die nicht nur die Krankheit, sondern den ganzen Menschen sehen. Und diese Ärzte gibt es nicht nur bei den Anthroposophen, sondern sie sind überall zu finden. Aber mitunter müssen wir nach ihnen suchen. Wir haben das große Privileg der freien Arztwahl. Nutze das für dich!

Du bist Kapitän auf dem Schiff deiner Gesundheit und du entscheidest, wen du in deiner Crew haben willst! Nutze deine persönliche Entscheidungsfreiheit für dich und für deine Gesundheit.

SELBSTAUSDRUCK

Der Mensch ist ein Geschöpf,
deshalb soll er auch schöpferisch tätig sein.

Ebo Rau

Einer der Dinge, die mir vor meiner Diagnose am meisten gefehlt haben in meinem Leben, war mein persönlicher Selbstausdruck. Das war mir natürlich nicht wirklich bewusst, ich merkte erst später, was ich eigentlich vermisste. Damit meine ich zum einen die Kreativität und zum anderen körperlichen Selbstausdruck in Form von jeglicher Bewegung.

Mit circa elf Jahren bekam ich ein Buch geschenkt. Es heißt „Ab morgen werd' ich Künstler[10] von Brigitte Birnbaum. Der Inhalt des Buches war mir damals gar nicht so wichtig, es geht um den Künstler Heinrich Zille. Aber der Titel des Buches hat mich so tief berührt und beeindruckt und mich mein Leben lang begleitet. Natürlich hatte ich es zwischendurch wieder „vergessen". Aber immer, wenn ich das Buch in meinem Regal sah oder wenn ich mit Künstlern in Berührung kam, spürte ich, dass ich ganz tief in meinem Herzen auch eine Künstlerin sein wollte. Nun, im Kunstunterricht in der Schule wurde mir schon mal jeglicher Spaß am Malen verdorben. Immer gab es strenge Vorgaben und es ging nicht um freie Entfaltung, sondern darum, die Vorgaben des Lehrers zu erfüllen. Ich malte immer mal wieder – aber nur sehr sporadisch – im Laufe meines Lebens. Es erfüllte mich aber nicht, da ich immerzu bestrebt war, etwas „Schönes" zu produzieren. Das erfreute mich nicht, ich war sehr selbstkritisch und daher hatte ich bis zu der Diagnose 2018 mindestes zehn Jahre nicht mehr gemalt. Wie schon zuvor erwähnt, war ich stationär in einem anthroposophischen Krankenhaus. Dort wurde Maltherapie angeboten und ich ging hin. Das war der erste Kontakt seit vielen Jahren mit Farbe und Pinsel. Und es tat mir gut und es half mir sehr. Von da an suchte ich eine für mich passende Malgruppe an meinem Heimatort. Aber erst einmal hatte mich nichts richtig begeistern können. Da es auch in vielen Gruppen mehr um das Erlernen von Techniken geht und nicht so sehr um den freien Ausdruck. Ich hatte schon öfter von dem Konzept des „Malorts[11]" von Arno Stern gehört. Und so einen für mich passenden „Malort" fand ich in meiner Nähe. Seitdem genieße ich es sehr, dort jede Woche in einer kleinen Gruppe von vier Frauen zu malen. Dort hat sich für mich die Welt des Malens und des Selbstausdrucks völlig neu erschlossen. Die Bildausschnitte in diesem Buch sind aber nicht von dort, diese habe ich zu Hause gemalt (auf Leinwand mit Schmincke-Acryl-Farben). Die Besonderheit eines „Malorts" ist, dass die Bilder, die im „Malspiel" entstehen, nicht zum Veröffentlichen, nicht zum Verschenken oder gar zum Verkaufen gedacht sind. Es sind, in meinen Worten gesprochen, Seelenbilder und daher nur für den Malenden selbst bestimmt. In dem „Malort", den ich besuche, werden die Bilder für circa ein Jahr aufbewahrt und dann gibt es eine persönliche Bilderbetrachtung. Danach kann der Malende entscheiden, ob seine Bilder vernichtet werden sollen oder ob er sie mit nach Hause nimmt. Das wirklich Besondere ist, dass dort überhaupt nicht gewertet wird. Denn die normale Reaktion der meisten Menschen ist, zu sagen: *„Das hast du aber toll gemacht, das gefällt mir usw."*. Aber wenn die Wertungen, positive wie negative, wegfallen, dann kann leichter ein Bild aus dem Herzen entstehen. Und der Kopf hat mal „Funkstille". Und die Übung ist für mich auch immer mehr, meine innere Kritikerin während des Malens eine Pause machen zu lassen und dann „nach meinem Gefühl" zu malen. Und das ist wunderschön. Ich bin sehr dankbar, eine so wunderbare „Malleiterin" und eine so tolle Gruppe gefunden zu haben.

Außerdem kam bei mir Anfang 2020 noch das Plastizieren mit Ton dazu. Dies ist für mich auch ein wunderbares Ausdrucksmittel, weil oft etwas ganz anders entsteht, als ich vielleicht vorher denke. Und so hat es einen großen heilsamen Effekt für mich. Denn dann spüre ich, ich kann gestalten und erschaffen. Und es darf sich zeigen, was gerade in meinem Inneren IST. So eröffnen sich für mich neue Räume. Das Plastizieren lernte ich während meiner Reha kennen. Es war so wunderbar dort. Zum einen gab es Kunsttherapie und zum anderen ein „Offenes Atelier". Fast jeden Abend haben wir uns dort kreativ ausgelebt. Manche haben gemalt, andere plastiziert, gefilzt oder gestrickt. Nach der Reha, zu Hause hatte ich den Impuls, zu stricken, weil ich es dort sah und es mich ansprach. Und das, obwohl ich Handarbeiten in der Schule fürchterlich fand. Aber jetzt macht es mir viel Freude, auch wenn ich noch im absoluten „Anfänger-Modus" bin.

Was ich natürlich dazusagen muss, ist, dass der Faktor Zeit eine große Rolle spielt für dieses kreative Ausleben. Zuvor als Selbstständige und davor im Vertrieb: Niemals zuvor hatte ich so viel Zeit für mich wie in dieser Zeit mit dem Krebs. Viele haben diese Zeit für sich auf ihrem Weg mit dem Krebs ja trotzdem nicht, das ist mir bewusst. Denn oft sind die Nebenwirkungen von Chemo und Co körperlich und seelisch so belastend, dass man froh ist, bis zur nächsten Chemo wieder fit zu sein. Dazwischen bleibt für viele keine Zeit zur Muße. Bei mir ist es so, dass ich eine palliative Chemo bekomme. In den letzten Monaten sind das Chemo-Tabletten, was meine Lebensqualität auch sehr gesteigert hat. Da das Erschöpfungsgefühl mit diesen Tabletten im Vergleich zur klassischen Chemo bei weitem nicht so stark ist. Palliative Chemo bedeutet, dass die Chemo eher darauf ausgelegt ist, etwas „sanfter" zu sein als eine kurative[12] Chemo. Es geht mehr darum, möglichst lange mit der Chemo klarzukommen, denn die Schulmedizin rechnet nicht mehr mit einer Heilung in diesem Stadium. Ich bekomme mit kleinen Unterbrechungen seit zweieinhalb Jahren Chemo. Ich habe diese gerade zu Anfang sehr gut vertragen. Und habe sogar fast ein Jahr lang meine Haare behalten. Sie waren zwar etwas dünner, aber fielen nicht komplett aus. Insgesamt fielen mir zweimal die Haare aus. Zwischendurch wuchsen sie wieder. Im Moment habe ich zum ersten Mal in meinem Leben Locken, eine schöne Nebenwirkung, wie ich finde. Gut, die

Haare dürfen natürlich noch ordentlich wachsen, dann würden sie mir noch besser gefallen, denn als Kind wollte ich immer Locken. Ich habe immer ziemlich gute Blutwerte, bis auf wenige Ausnahmen, und musste noch nie eine Chemo aussetzen. Natürlich hatte und habe ich auch mal stärkere Nebenwirkungen und bin oft extrem erschöpft und schlafe dann sehr, sehr viel. Aber alles im allem ist meine Lebensqualität ziemlich hoch. Mir ist bewusst, dass dies bei den meisten Krebspatienten oft gar nicht so ist. Oft ist keine Kraft da, sich mit vielen Dingen zu beschäftigen. Ich kann dir nur empfehlen, wenn das bei dir so ist, dass es nicht während der kurativen Behandlungszeit für dich möglich ist, es hinterher zu tun. Und ich rede hier von meinen Erfahrungen mit Brustkrebs und Erfahrungen, die liebe Mitpatientinnen mit mir geteilt haben. Herzlichen Dank auch dafür, ihr Lieben! Ich habe also nur Erfahrungen in diesem Bereich. Ich weiß, dass bei anderen Krebsarten oft die Behandlungen noch viel kräftezehrender sind. Und ich weiß, dass unser System darauf ausgelegt ist, nach den vielen Behandlungen noch drei oder vier Wochen Reha zu machen und dann möglichst bald wieder arbeiten zu gehen. Dann kommt die Wiedereingliederung und dann soll man so tun, als wäre alles wie vorher. Aber ein „Wie-Vorher" gibt es in Wirklichkeit nicht. Ich denke, dass es so, wie es meistens läuft, absolut nicht ideal ist. Eine solche lebensbedrohliche Erkrankung kann man nicht mal so eben hinter sich bringen, um dann möglichst schnell wieder voll zu funktionieren. Vielleicht ist es bei dir so und es ist für dich in Ordnung, dann ist das ganz wunderbar. Vielleicht ist es aber auch nicht so wunderbar. Ich kann dir aus Erfahrungen von vielen Mitpatienten nur raten, wirklich erst dann wieder arbeiten zu gehen, wenn du dafür bereit bist. Und ich weiß, dass es für viele auch ein finanzielles Thema ist. Und wenn du Krankengeld bekommst, ruft die Krankenkasse an, um sich nach deinem Wohlergehen zu erkundigen. Was natürlich meint: Wann gehst du wieder arbeiten? Das verstehe ich sehr gut. Ich habe auch finanzielle Einschränkungen seit meiner Erkrankung. Ich war selbstständig tätig, freiwillig gesetzlich versichert, ohne eine Versicherung für Krankentagegeld. Glücklicherweise habe ich eine private Berufsunfähigkeitsversicherung, die viele Selbstständige leider nicht haben. Ich hatte damit weniger als die Hälfte monatlich an Einkommen im Vergleich zu meinem Verdienst, als ich noch arbeitete. Da diese Versicherungen für Selbstständige recht teuer sind, hatte ich nur eine „Grundabsicherung" für mich gewählt. Aber auch hier gibt es immer zwei Seiten, wie du eine Situation betrachten kannst. Statt mich zu bemitleiden und zu sagen: *„Jetzt habe ich viel weniger Geld"*, habe ich mir gesagt: *„Hey, wie toll, ich habe eine BU!"*. Hätte ich diese nicht gehabt, hätte ich mit null Einkommen dagestanden. Ein riesiges Dankeschön nochmal an meine wunderbare Versicherungsberaterin, die mir immer wieder sagte: *„Mensch Tina, du brauchst unbedingt eine BU"*. Ich dachte immer, ach, das brauche ich nicht, ich bin doch gesund, ich werde nicht krank. Zum Glück ließ sie nicht locker und ich schloss die Versicherung bei ihr ab. Und ich weiß, es gibt wirkliche finanzielle Härtefälle bei einer solchen Erkrankung, das habe ich leider mitbekommen. Das tut mir von ganzem Herzen leid. Denn wenn man schon so eine große Herausforderung vor sich hat, sollte man sich nicht noch über Finanzen Gedanken machen müssen.

So blöd sich das für manch einen anhören mag: Ich bin dem Krebs dankbar, dass er eine Vollbremsung für mich hingelegt hat. Raus aus dem Hamsterrad und raus aus dem Stressmodus. Aufhören, es recht machen zu wollen und sich für alles verantwortlich zu fühlen. Um stattdessen zu mir zu finden und wieder auf meine innere Stimme zu hören. Das und noch viel mehr durfte und darf ich lernen. Daher kommt auch der Titel zustande: Goldzeit – Wenn Zeit zu Gold wird. Für mich war und ist es die Chance, mich grundlegend mit mir, meinem Leben, meinem Sein zu beschäftigen. Und ich konnte herausfinden, wer ich eigentlich bin und was ich eigentlich will. Es ist eine neue Zeit für mich angebrochen, meine persönliche Goldzeit. Also damit meine ich eine sehr wertvolle Zeit. Außerdem male ich mit der Farbe Gold sehr gerne, das hat mich inspiriert, den Namen zu finden.

Wenn du jetzt denkst, ach, kreativ bin ich ja überhaupt nicht, kann ich das verstehen. Ich habe das auch immer von mir gedacht, habe nie gerne gebastelt, genäht oder mich mit Handarbeiten beschäftigt. Jeder Mensch ist kreativ, wir reduzieren nur Kreativität oft auf Tätigkeiten wie Malen, Schreiben oder Handarbeiten. Sehr schön hat Josef Ulrich in seinem aus meiner Sicht empfehlenswerten Buch „Selbstheilungskräfte" Albert Steffen zitiert:

„Künstler in diesem Sinne ist jeder Mensch in jeder Lebenslage, wenn er aus eigener Initiative den Impuls der Wandlung ergreift. Es braucht nicht nur äußerer Stoff zu sein, den er zum Kunstwerk gestaltet, das Wort, den Ton, die Farbe; es kann auch eine Freundschaft, ein Arbeitsverhältnis, eine Krankheit, ein Unglück oder Schicksal sein. Alles kann man als Künstler anfassen. Und vor allem sich selbst. Künstler werden heißt demnach im höchsten Sinne Mensch-Werdung."

Da ist mir sofort der bei uns im Allgemeinen negativ besetzte Begriff „Lebenskünstler" in den Sinn gekommen. Vielleicht ist es doch ganz gut, ein Lebenskünstler zu sein. Was er, denke ich, sagen will, ist, dass wir in allen Bereichen unseres Lebens kreative Ideen, Lösungen haben dürfen und schöpferisch unser Leben gestalten können. Wir sind als Künstler im Modus: „Ich erschaffe". Und das ist doch ganz wunderbar. Raus aus dem Modus: „Ich muss funktionieren" und aus dem „Ich muss machen, was andere mir sagen", rein in den Modus: „Ich will mein Leben gestalten, ich entscheide und ich kann erschaffen." Jetzt wirst du vielleicht denken, ja, die hat gut reden, mir geht es doch so schlecht, ich bin ein Opfer meiner Erkrankung. Das verstehe ich sehr gut und du hast mein vollstes Mitgefühl. So habe ich mich auch oft gefühlt und manchmal kommen diese Gefühle auch bei mir wieder hoch. Du könntest aber auch beginnen, in dich hineinzuspüren, ob es dir mehr dient, dich stattdessen zu fragen:

Wo entstehen jetzt mit der Erkrankung neue Chancen für mich?

Was will und kann ich in meinem Leben verändern?

Welches neue Hobby könnte ich mir gönnen?

Wie kann ich das, was ich fühle, ausdrücken?

Was mir auch jetzt viel wichtiger als zuvor ist, dass ich auch ein neues Körperbewusstsein für mich entdeckt habe. Ich bin nicht der sportliche Typ, habe aber doch meistens in meinem Leben ein Mindestmaß an körperlicher Betätigung gehabt. Ich will jetzt überhaupt nicht sagen, dass ich jetzt viel sportlicher bin, aber ich fühle mich mit meinem Körper mehr verbunden. Dabei hilft mir Tai-Chi, Qi Gong und Zapchen[13]. Durch diese drei Übungsformen tauche ich immer tiefer in mein Körperbewusstsein ein. Und auch wenn es mir nicht gutging während mancher Chemo-Zyklen, Zapchen konnte ich immer praktizieren. Denn dabei gehen viele Übungen auch im Liegen. Tai-Chi und Qi Gong sagen dir wahrscheinlich was, aber Zapchen ist doch eher unbekannt. Daher will ich versuchen, dir zu erzählen, worum es dabei geht, wobei ich das nicht leicht finde, die Essenz mit Worten zu transportieren. Es sind sehr schlichte Übungen, die aber eine tiefe Wirkung haben können. Im ersten Moment, wenn man neu ist, denkt man, das ist ja total kindisch, was dort gemacht wird. Es wird beispielsweise getrampelt, gerne sehr laut gegähnt, es wird wie ein Pferd geschnaubt, es werden Grimassen geschnitten, es gibt „Funny Talking", es wird geseufzt und die Arme werden spielerisch geschwungen. Vielleicht hast du gerade gedacht, so albern, wie bei Kindern. Und genauso ist es. Kinder haben eine automatische Selbstregulation, so lange wie Erwachsene diese den Kindern nicht abtrainieren. Weil das ja „unerhört" und „ungezogen" ist, sich so zu verhalten. Und es gibt Entspannungsübungen und zwischen den Übungen öfter mal ein „Nickerchen". Es ist eine einfache Methode, die mein Herz erfreut, heilsam ist und viel Spaß macht.

Außerdem tanze ich in letzter Zeit einfach jeden Tag nach Lust und Laune, also als freier Tanz bzw. Bewegungen, meistens zu den wundervollen Liedern von Seom[14]. Diese Lieder berühren mein Herz wirklich zutiefst und wecken Lebensfreude in mir. Seom hat auch einen sehr inspirierenden Podcast und schreibt wunderbare Bücher.

„Du darfst kreieren. Du darfst in Fülle erschaffen und genießen! Du bekommst alles, was du benötigst, und wirst geführt werden. Folge den Zeichen, welche sich dir offenbaren, voller Vertrauen und staune wie ein Kind."
Seom

Zudem entfacht das sehr lustige Lied Körperzellen-Rock von Astrid Kuby und Michael Mosaro meine gute Laune und weckt das Kind in mir. Ja, ich weiß, das Lied ist überhaupt nicht cool und viele würden es kindisch und albern nennen. Aber sich ab und zu mal „lächerlich" zu machen, finde ich sehr erfrischend, heilsam und inspirierend. Und es ist doch völlig egal, was andere von dir denken. Deshalb kannst du auch gleich das tun, was dein Herz erfreut! Denn dann fühlst du dich mit dir selbst wohl und das ist doch das Wichtigste. Denn es wird immer jemanden geben, der etwas zu meckern hat. Den Song findest du auf YouTube. Hier ist der Text:

Jede Zelle meines Körpers ist glücklich
Jede Körperzelle fühlt sich wohl
Jede Zelle meines Körpers ist glücklich
Jede Körperzelle fühlt sich wohl
Jede Zelle an jeder Stelle
Jede Zelle ist voll gut drauf
Jede Zelle an jeder Stelle
Jede Zelle ist voll gut drauf

Und das Schreiben ist jetzt für mich ein wundervolles Mittel zum Selbstausdruck. Es ist ein befreiendes Gefühl und ich muss mich nicht dazu zwingen, es fließt einfach. Seitdem ich mit einem wunderbaren Medium sprechen durfte, sprudeln die Worte mit Leichtigkeit aus mir heraus. Sie sagte mir unter anderem, dass dies meine Berufung wäre, jetzt zu schreiben, und es würde leicht gehen. Es ist so faszinierend, sie hat ohne jegliche Vorabinformation (das macht sie immer so) und ohne, dass sie mich kannte, so viele Wahrheiten ausgesprochen. Es war einfach unglaublich. Wie ich schon zu Beginn geschrieben habe, hatte ich nie jemandem davon erzählt, dass ich ein Buch schreiben will. Ich hätte es mir ohne diese Sitzung wahrscheinlich gar nicht gestattet. Denn ich dachte: Ich, die nicht gut in der Schule war? Immer in allen Fächern mittelmäßig, aber in keinem Fach wirklich richtig gut? Ich, die immer Schwierigkeiten mit der Rechtschreibung hatte und nie gerne in der Schule eigene Texte verfasste? Ich kann das nicht und ich bin nicht gut genug. Das war meine Überzeugung. Und es hat wundersamerweise „Klick" gemacht in diesem Gespräch. Und seitdem liebe ich es, „in die Tasten zu hauen".

Natürlich kann es jetzt sein, dass du denkst, oh nein, jetzt kommt sie auch noch mit einem Medium um die Ecke, was soll das, das ist doch pure Esoterik. Ich persönlich unterscheide zwischen Esoterik und Spiritualität bzw. Persönlichkeitsentwicklung. Die Begriffe Spiritualität und Persönlichkeitsentwicklung werden oft voneinander getrennt gesehen, für mich persönlich ist es dasselbe. Wie sagt Barhar Yilmaz so schön:

„Du musst nicht spirituell sein. Sei einfach du selbst. Das ist das Spirituellste, was es gibt."

Spirituell sein ist für mich mittlerweile mein natürlicher Ausdruck, nicht gekünsteltes, sondern pures Sein. Und trotzdem habe ich, während ich diese Zeilen schreibe, ein Gefühl der Angst davor, was Menschen denken werden, die bisher noch nicht wussten, wie ich in dem Bereich ticke. Enge Freundinnen, meine Schwester, mein Lebenspartner und mein Sohn wissen das natürlich. Sie akzeptieren es oder ticken ähnlich. Und ich habe wirklich wundervolle Freundinnen an meiner Seite, die die Dinge so sehen wie ich. Aber ich habe trotzdem Angst davor: Was werden andere Menschen denken, wenn sie das Buch lesen? Aber es ist für mich jetzt an der Zeit, voll und ganz so zu leben, wie ich es will, und nicht, wie ich denke, wie ich es machen sollte aufgrund gesellschaftlicher Konditionierungen. Bisher habe ich diesen Bereich meines Lebens unter einem Deckmantel gehalten, weil ich weiß, dass viele Menschen Spiritualität, Anthroposophie und Dinge, wie mit einem Medium zu sprechen, für verrückt halten. Aber ich gehe da jetzt durch und ich verstecke mich nicht mehr hinter meiner bisherigen „Light-Spiritualität". Damit meine ich die Dinge, die gerade noch so von den meisten akzeptiert werden: Tai-Chi, Yoga, Sinnsprüche, Heilpraktiker, Osteopathen; das alles ist mittlerweile „salonfähig" geworden. Bei mir fängt jetzt die Zeit der wahren Authentizität an. Und ich will diesen Teil meines Lebens nicht mehr länger verstecken. Und neben der Angst ist da hauptsächlich ganz viel Freude auf das Neue, was da kommt. Unter Esoterik verbuche ich für mich persönlich Praktiken und Anschauungen, mit denen ich nicht mitschwingen kann, die sich für mich nicht stimmig anfühlen. Das ist aber meine ganz persönliche Definition. Genauso ist es bei Menschen, deren Werke ich dir hier empfehle. Ich kann nur das empfehlen, was ich von dem Menschen kenne und erlebt oder gelesen habe. Das heißt nicht, dass es für alle Menschen genauso sein muss. Und es kann auch sein, dass ich denke, dieses oder jenes von zum Beispiel einem Autor, den ich empfehle, finde ich gut. Und gleichzeitig kann es auch sein, dass ich einige Dinge, die diese Person sagt, gar nicht gut finde. Und es kann passieren, dass wir jemandem eine Empfehlung geben, zum Beispiel für einen Heilpraktiker, und derjenige fühlt sich dort überhaupt nicht wohl. Ich durfte auch lernen, niemandem ungefragt einen wohlgemeinten Tipp zu geben, dazu neigte ich am Anfang. Ich finde, man sollte vorher fragen: „Du, ich habe was von einer neuen Therapie, einem Buch, Kurs etc. gehört. Willst du darüber etwas hören oder eher nicht? Ich will dich damit nicht nerven, nur vielleicht ist es für dich interessant…" Oder so ähnlich. Wenn jemand so fragt, passt es für mich vollkommen. Allerdings läuft es meistens ganz anders ab und es kommen ungefragt gutgemeinte Ratschläge, die eher Schläge als ein Rat sind.

Ich bin ein wenig abgeschweift, aber das war die Geschichte, wie ich zum Schreiben gekommen bin, und das wollte ich mit dir teilen.

Und ich will an dieser Stelle auch auf den Begriff Palliativ-Medizin sowie den „Stempel schwerbehindert" eingehen. Vor der Diagnose dachte ich, „palliativ" ist, wenn man kurz davor ist, zu sterben, also im Sterben liegt. Und ich glaube, das geht es nicht nur mir so. Allerdings, mal von den unangenehmen Nebenwirkungen abgesehen, die ich jetzt nicht schönreden will, fühle ich mich an vielen Tagen alles andere als krank. Ich fühle mich sehr oft sehr gesund. Aber es ist so, sobald Metastasen festgestellt werden, ist man in dieser Schublade drin. Genauso verhält es sich mit dem Schwerbehinderten-Status. Als ich das vom Sozialdienst im Krankenhaus gesagt bekam, war ich sprachlos. Ich hatte mit diesen Dingen in meinem Leben bis zu diesem Zeitpunkt nichts zu tun gehabt. Und ich war fassungslos. Schwerbehindert zu 100 Prozent, ICH? Das hielt ich für einen schlechten Scherz. Ich verstehe heute, dass diese beiden „Stempel" leichte finanzielle „Vorteile" mit sich bringen. Und so gehe ich mit diesen beiden „Stempeln" so um, wie mit dem Thema „Höre die Diagnose, glaube nicht an die Prognose." Ja, diese Stempel sind auf meiner Akte, aber ich fühle mich weder schwerbehindert noch als „palliativer Fall". Ich bin ich. Und ich sehe das, was alles gesund an dir ist und an mir ist. Und das ist viel. In etwa ein Prozent deines Körpers, oder mehr oder weniger, ist von Krebs betroffen. Was ist mit den anderen 99 Prozent? Sie sind GESUND. Danke jedem Tag deinem Körper, dass er so gut für dich arbeitet. Der größte Teil von dir ist gesund! Fokussiere dich auf das, was gesund ist, und auf das, was du mit deinem Körper alles anstellen kannst. Selbst wenn du im Bett liegst und es dir nicht gut geht: Was kann dein Körper alles, trotz der Erkrankung, für dich tun?

Zum Beispiel: Wenn gar nicht viel geht, kannst du summen. Summen geht fast immer und ist ein tolles Mittel zum Selbstausdruck. Und das Summen richtet sich nach innen, es sind quasi heilende Töne für deine Organe. Das habe ich beim Zapchen gelernt und für mich oft genutzt, gerade in schwierigen Phasen. Als ich starke Schmerzen hatte wegen der Knochenmetastasen, war das Summen und Tönen sehr elementar für mich. Das ist ganz einfach, summe oder brumme einfach mit geschlossenem Mund. Du kannst auch die Intention setzen in die Brust, die Leber, die Lunge oder wo auch immer es deinem Köper heute guttut, hineinzusummen. Es beruhigt mich total und lässt mich in einen entspannten Zustand kommen. Und Entspannung ist eine wunderbare „Medizin". Du kannst singen, du kannst mit den Zehen wackeln, du kannst deine Hände aneinanderreiben, um die Energie in deinen Händen zu aktivieren. Und dann kannst du die Hände auf deinen Bauch legen, um dich zu wärmen und um zu entspannen. Und bestimmt fallen dir noch viel mehr Dinge ein, die dir JETZT guttun!

Was sind für dich deine Mittel zum Selbstausdruck?

Es gibt ja 1000 und mehr tolle Sachen. Gärtnern ist auch eine Sache, die mir immer mehr und mehr Spaß macht. Und die Natur mit allen Sinnen wahrzunehmen. Umarme mal einen Baum oder rieche an wunderbaren Blüten und Kräutern, das ist alles sehr wohltuend und inspirierend. Ich wünsche dir, dass du die Ausdrucksweisen findest, die dich stärken und dein Herz erfreuen, was auch immer diese sein mögen.

INNENSCHAU

Ich wünschte, ich könnte dir, wenn du einsam oder in der Dunkelheit bist, das erstaunliche Licht deines eigenen Seins zeigen.

Hafiz

Wie schon zuvor erwähnt, spielt der Faktor Zeit natürlich eine große Rolle, wenn du das Bedürfnis hast, so wie ich, regelmäßig ganz still zu werden und in dich hineinzuspüren. Nach der Diagnose hatte ich diese Zeit und ich habe sie für mich genutzt. Und das ist auch etwas, was du tun kannst, wenn du eventuell viel im Bett liegen musst, weil es dir körperlich nicht so gut geht. Und auch hier gibt es natürlich eine Fülle an Methoden und Praktiken. Ich hatte in den letzten Jahrzehnten immer mal wieder Meditationen für mich ausprobiert. Aber es wollte mir damals nicht so recht gelingen. Vor allem das Meditieren in Gruppen fand ich ganz schwierig, da ich ausgerechnet dann immer husten oder die Nase putzen musste. Dadurch, dass ich mich so darauf konzentrierte, niemanden zu stören, wurde ich innerlich dann immer unruhiger. Wenn ich alleine war, ging es am besten mit angeleiteten Meditationen, was ich auch heute noch manchmal mache. Mittlerweile ist das Meditieren für mich völlig natürlich und entspannend. Und auch wenn ich darüber einschlafen sollte, ist das für mich vollkommen in Ordnung. Früher hatte ich immer die Idee, etwas ist nur „richtig", wenn ich es auch perfekt ausführe. Und das ist natürlich vollkommener Quatsch. „Richtig" oder, besser ausgedrückt, dir „dienlich" oder für dich „stimmig" ist etwas, wenn es dich innerlich stärkt.

Frage dich immer wieder:

Was stärkt mich?

Was schwächt mich?

Und dann wähle das, was dich stärkt.

Wenn du mit dir selbst liebevoll umgehst und dich nicht innerlich beschimpfst, weil du diese Meditation oder was auch immer in deinen Augen nicht perfekt gemeistert hast. Dann kommst du dir immer näher und fängst an, immer ein Stückchen mehr zu deinem wahren Wesenskern zu gelangen.

Mir persönlich hilft die Methode von Frank Kinslow, Quantum Entrainment® / QE®[15], um in den wunderbaren Zustand des „reinen Gewahrseins", wie er es nennt, zu kommen. Die einfachste und erste Übung heißt: „Die Gedanken anhalten." Man stellt sich immer wieder die Frage: „Woher kommt mein nächster Gedanke?" Und in dieser „Lücke" entsteht ein neuer Raum zwischen der Frage und dem nächsten Gedanken, den wir denken. Und je länger wir üben, umso weiter wird dieser Raum des Gedanken-Anhaltens und wir kommen ins „reine Gewahrsein". Mit dieser Vorübung fällt es mir persönlich leicht, in eine Meditation zugehen. Die Methode QE® wird auch als Heilungsmethode (Quantenheilung) beschrieben. Als Krebs-Patientin finde ich es allerdings schwierig, wenn Versprechen wie „Wirkt sofort" geschrieben werden. Ja, ich nutze diese Tools und ich finde vieles für mich heilsam. Aber nach meinem Ermessen ist Krebs eine vielschichtige Sache und ich denke, es ist ratsam, auf mehreren Ebenen damit umzugehen. Natürlich kann es sein, dass es Menschen gibt, die mit einer Methode mal so eben – Zack – krebsfrei werden. Das finde ich ganz wunderbar und wünsche ich mir für jeden Menschen. Aber so, wie ich es bisher selbst erfahren und gelesen habe, auch in dem bereits erwähnten Buch von Kelly Turner, sind es doch oft viele verschiedene Faktoren, an denen jemand Veränderungen vornimmt auf dem persönlichen Heilungsweg.

Ich persönlich finde, dass jede Heilung eine Heilung ist, bei der unsere Selbstheilungskräfte mitgewirkt haben. Daher finde auch den Begriff „Heiler" schwierig; und auch eine Methode, die Heilung explizit verspricht. Denn es impliziert: Wenn du zu einem Heiler hingehst oder du diese oder jene Methode verwendest, dann wirst du auf jeden Fall geheilt werden. Ich glaube, dass viele lichtvolle Menschen anderen Menschen wunderbare Heilungsimpulse geben können. Diese Heilungsimpulse nutze ich auch immer wieder und das ist vollkommen in Ordnung. Aber vergiss es nie, den besten Heiler hast du immer bei dir. Und das bist DU, DEIN inneres Licht. Damit will ich dir sagen: Wenn du das Gefühl hast, dir Unterstützung, in welcher Form auch immer, zu holen, dann tue dies. Und wenn du das Gefühl hast, dass es für dich an der Zeit ist, jetzt mehr deiner inneren Stimme zu lauschen, statt immer wieder im Außen die Lösung deiner Probleme zu suchen, dann ist das genauso wunderbar.

Spüre, wenn du magst, selbst in dich hinein:

Sind die Menschen, die dich im Moment unterstützen, die passenden an deiner Seite?

Und sind die Methoden, die sie verwenden, dir jetzt dienlich?

Oder brauchst du jetzt gerade Zeit und Ruhe, um in deinem Herzen Antworten zu finden?

Und ich rufe da auch ganz eindeutig auf, Dinge kritisch zu betrachten. Und gerade in der spirituellen Szene werden ja oft das Ego und der Verstand als negativ bewertet. Ich denke, wir wurden als Menschen mit Ego ausgestattet und mit einem Verstand ausgestattet, um diese für uns zu benutzen. Und nicht gegen uns. Und das Wegsperren, das Unterdrücken des Egos erzeugen das genaue Gegenteil. Alles, was unterdrückt wird, will gesehen werden und ans Licht geholt werden. Es brodelt in unserem Inneren und es schwächt uns, wenn wir Teile von uns verleugnen oder unterdrücken. Wenn ich aber meinen Verstand und mein Ego und überhaupt alle Aspekte meines Seins mit in mein Lebensboot hole und sie würdige und mich mit ihnen versöhne, dann arbeiten sie für mich und nicht gegen mich. Wenn du noch viel tiefer in das Thema einsteigen willst, kann ich dir, wie schon ersten Kapitel erwähnt, die Arbeit von Bahar Yilmaz empfehlen. Sie ist quasi die Spezialistin für dieses Thema und natürlich auch ihr Partner Jeffrey. Sie hat einen tollen Podcast und du findest sie natürlich auch in den sozialen Medien. Dort bekommst du sehr tiefgehenden Input, wie ich finde.

Und du hast bestimmt schon gemerkt, dass ich dir hier relativ viele Bücher und Tools von verschiedenen Menschen empfehle. Das mache ich nicht, damit du dir diese ganzen Bücher kaufst oder dich eingehend mit dem Wirken dieser Menschen beschäftigst. Darfst du natürlich, aber wähle mit Bedacht! Ich muss gestehen, ich neigte lange Zeit zu einem spirituellem Überkonsum. Was ich damit meine, ich habe sehr, sehr viele Bücher über Persönlichkeitsentwicklung gelesen. Vielleicht zu viele. Ich war lange Zeit vor der Diagnose schon auf der Suche nach der ultimativen Methode, nach „der EINEN Wahrheit". Aber ich habe für mich festgestellt, dass es die eine Wahrheit nicht gibt. Es gibt nur deine ganz persönliche Wahrheit. Und diese können wir nur in uns finden, nicht im Außen. Die Menschen oder Dinge im Außen können dich inspirieren, motivieren und eine Transformation in dir anstoßen.

Und ich dachte immer, wenn ich etwas bei einer Inspirationspersönlichkeit gut finde, muss ich entweder alles oder nichts gut finden. Aber so ist es nicht und auch das ist vollkommen in Ordnung. Ich kann bei einem Autor ein Buch oder Kapitel super finden und es hilft mir, vielleicht finde ich an anderer Stelle aber etwas, wo ich denke, was erzählt sie oder er jetzt für einen Quatsch. Dann nehme ich mir den Impuls, der für mich dienlich war, und das ist in Ordnung. Ich muss nicht alles toll finden, was derjenige oder diejenige macht. So wie nicht jeder gut finden muss, wie ich meinen Weg gehe. Aber vielleicht hat sie oder er mir in einem bestimmten Punkt einen wichtigen Impuls gegeben. So habe ich gelernt, immer mehr meine eigene Wahrheit und den Zugang zu meinem reinen Gewahrsein, meiner Seele – oder nenn es, wie du willst –

zu finden. Diesen Zugang kannst du ausschließlich in DIR finden. Und nicht durch ein Buch oder ein Seminar „konsumieren". Nichts gegen Seminare, schade ist es nur dann, wenn wir zu Seminaren hingehen, aber danach nichts in unserem Leben verändern. Dann ist es für mich ein Konsumieren. Veränderung wäre Transformation. Und das habe ich auch oft gemacht, denn in der Fülle der Möglichkeiten, an Praktiken, alternativen „Heilungsmethoden" und Seminaren war es für mich oft schwierig, mich selbst nicht zu verlieren. Und so habe ich irgendwann anfangen mit „Bücher-Detox". Einfach viel mehr Zeit als zuvor verwendet, in MICH reinzuspüren, mich wirklich mit meinen Schatten zu konfrontieren. Und nicht so viel zu konsumieren, sondern zu transformieren. Damit mein Licht wieder beginnen kann zu leuchten. Und um in Balance zu kommen. Das anzuschauen, was lange verborgen war, Ängste und Zweifel. Diese ans Licht zu holen und zu heilen und mich mit mir selbst zu versöhnen. Damit bin natürlich nicht durch, das ist unser aller Lebensweg, denke ich. Es gibt in dem Leben als Mensch meiner Meinung nach kein „Ich bin fertig, ich bin nur noch Licht und Liebe, ich bin erleuchtet." Ich denke, dann wären wir nicht mehr hier, sondern wären schon „nach Hause gegangen".

Das Thema Tod ist natürlich ein Thema, was mit voller Wucht auf jeden zugerollt kommt, der die Worte gesagt bekommt: „Sie haben Krebs". Im ersten Schock dachte ich, jetzt ist mein Leben vorbei. Zum Glück konnte ich relativ schnell wieder Zuversicht entwickeln, aber das Thema Tod blieb im Raum stehen. Das Thema hat mich allerdings nicht losgelassen. Ich finde, in unserer Gesellschaft werden das Sterben und der Tod zu oft weggesperrt. Das habe ich auch gemacht, bis zu der Diagnose. Ich bin dann zu einem Buch über eine Nahtod-Erfahrung gekommen, „Heilung im Licht" von Anita Moorjani[16]. Natürlich gibt es auch zu diesem Thema viele andere Bücher. Mich hat dieses besonders angesprochen und ihr Nahtod-Bericht und ihre anschließende Wunderheilung haben mich zutiefst beeindruckt. Und das hat mir die Angst genommen. Denn in den allermeisten Nahtod-Berichten wird von einem hellen Licht und einem unbeschreiblichen Gefühl der Liebe und des Einsseins gesprochen. Das hilft mir sehr. Klar hänge ich an diesem Leben, ich will vollständig gesunden, will meinen Sohn großwerden sehen, will noch ganz viel erleben, will anderen Mut machen und ich will ganz vital sehr alt werden. Aber wenn ich mich doch täuschen würde und es doch anders kommen würde, hätte ich jetzt, nachdem ich mich damit beschäftigt habe, nicht mehr so viel Angst. Es hat mir den Schrecken nehmen können.

Und trotzdem, im September 2019 hat es mich hart getroffen, als eine sehr liebe Mitpatientin sehr jung und sehr schnell verstorben ist. Sie war eine so strahlende, positive und fröhliche Persönlichkeit. Durch sie hatte ich 2018 gelernt, dass man in einem Chemo-Zimmer durchaus Spaß haben darf und lachen kann.

Und ich habe auch ihre letzte Chemo, was wir zu dem Zeitpunkt natürlich nicht wussten, gemeinsam mit ihr erlebt. Sie sorgte am Tag zuvor auch noch dafür, dass wir auch wirklich nebeneinandersaßen. Wir hatten gemeinsam Spaß, obwohl es ihr wirklich schon nicht mehr gut ging. Es hat mich wirklich aus der Bahn geworfen, als sie nur wenige Zeit später verstarb. Natürlich war ich keine enge Freundin, aber ich hatte mir von ganzem Herzen Heilung für sie gewünscht. Sie sagte oft zu mir: „Du und ich, wir schaffen das, wir beide werden wieder ganz gesund." Und mir kommen auch heute noch die Tränen, wenn ich das hier schreibe und ich gesund bin und sie ist „heimgegangen", oder wie auch immer man es nennen mag. Die Chemo-Krankenschwestern und Psychoonkologinnen haben mir nach ihrem Tod sehr geholfen, dafür danke ich an dieser Stelle nochmal aus ganzem Herzen. Und wenn es alles furchtbar und traurig ist, vor allem für ihre Familie und Freunde. So hoffe ich und glaube ich, dass es ihr jetzt gut geht, wo auch immer sie sein mag. Und ja, das ist jetzt kein tolles Thema. Ich wollte und konnte es aber nicht auslassen, weil es leider, leider zum Thema Krebs dazu gehört.

Und ich möchte auch betonen, dass ich entschieden die Formulierung ablehne, die oft in solchem Zusammenhang, wenn jemand an Krebs verstirbt, benutzt wird, *„Sie/Er hat es nicht geschafft"*. Das hört sich nach „Versagen" an, und das sollte sich niemand anmaßen, über jemand anderen in diesem Zusammenhang zu sagen. Natürlich glaube ich an unsere inneren Selbstheilungskräfte. Und ich glaube aber gleichzeitig auch, dass es einen „höheren Plan" gibt, den wir als Menschen nicht wirklich begreifen können. Ich hatte mir lange Zeit einen ungeheuren Erfolgsdruck aufgebaut, vor den Untersuchungen (MRT, CT), die alle drei Monate bei mir stattfinden. Ich dachte, wenn jetzt die Ergebnisse nicht gut sind und ich „mich nicht selbst geheilt habe", habe ich wieder versagt. Und in diese Falle tappe ich immer mal wieder, obwohl mir klar ist, dass dieser Druck zu nichts führt. Ganz im Gegenteil. Und das ist die andere Seite der Medaille, wenn wir von Selbstheilung sprechen. Es impliziert, wenn du dies oder jenes alles befolgst und alles „richtig" machst, dann bist du geheilt. Und diese Haltung ist gefährlich, sie stresst uns immens und Stress ist immer ein schlechter Ratgeber. Daher war und ist für mich die wichtigste Erkenntnis, die Möglichkeit, dass ich nicht krebsfrei werde und eventuell früh sterbe, anzuerkennen. Denn ich denke, es geht darum, nicht an dem Heilungsergebnis „anzuhaften". Und natürlich gibt es auch bei jedem Menschen die Möglichkeit, dass Krebs wiederkommen kann. Und auch die Möglichkeit dürfen wir anerkennen und nicht die Augen davor verschließen. Aber dann fokussiere ich mich wieder auf das Leben und die Dinge und Erlebnisse, die das Leben lebenswert machen. Ich komme so mehr ins SEIN IM JETZT und beschäftige mich mehr mit dem, was JETZT ist. Und JETZT geht es mir gut und ich erkenne das Wunder des Lebens an. Um dieses Wunder noch mehr wertzu-schätzen, dabei hat mir ein Interview mit Josef Ulrich beim Online-Kongress „Lichtblicke für Krebspatienten Teil 2"[17] sehr geholfen. Hier ein wunderbares Zitat von ihm: *„In jedem Menschen vollziehen sich lebenslänglich pro Sekunde Milliarden von Heilungen. Als ein Beispiel sei die ständig erfolgende „DNA-Reparatur" (Nobelpreis Chemie 2015) genannt, die alltägliche Schädigungen in jeder Zelle heilt. Wir können jeden Moment nur am Leben bleiben, weil in jedem von uns das ständige Wunder der Heilung immer existent ist. Eine Wertschätzung könnte die tägliche Dankbarkeit im Herzen sein."*

Und ich möchte dir an dieser Stelle auch erzählen, dass ich die Formulierungen, die mir ständig im Zusammenhang mit Krebs begegnen: „Im Kampf gegen den Krebs; du schaffst es, wenn du kämpfst; den Krebs besiegen usw." sehr ungünstig finde. Denn nach meinem Verständnis kann mit Kampf niemals Frieden entstehen. Das bedeutet im Umkehrschluss konkret für mich in kurzen Worten:

Erstens: Ich nehme die Situation, in der ich mich befinde, an, ich akzeptiere, was sich gerade zeigt, auch wenn es Krebs ist.

Zweitens: Ich schaue, ob etwas an meiner Situation nach Veränderung schreit. Dann verändere ich es, wenn es in meiner Macht steht. Oder ich akzeptiere, dass ich es nicht verändern kann, und nehme es für mich an. Love it, change it or leave it.

Drittens: Ich tue alles, was mich stärkt und meine persönlichen Selbstheilungskräfte aktiviert. Was auch immer das sein mag. Dafür gibt es unendlich viele Möglichkeiten.

Viertens: Ich versöhne mich mit dem Krebs. Er ist ein Teil von mir, zumindest vorrübergehend, und hat eine Nachricht für mich. Ich höre in mich und lausche meiner inneren Stimme. Ich schließe Frieden mit mir und dem Krebs.

Fünftes: Ich akzeptiere die Möglichkeit, dass ich sterbe. Was im Übrigen ja auch jedem anderen Menschen täglich passieren könnte, nur die haben es nicht so „vor Augen".

Sechstens: Ich genieße mein Leben, egal wie lange es sein mag, und ich tue so viele schöne Dinge jeden Tag wie nur möglich. Ich freue mich über jeden Tag, an dem ich ohne Schmerzen aufstehen kann. Dass ich überhaupt aufstehen kann, ist schon ein Geschenk. Ich freue mich sogar darüber, dass ich den Tisch abwischen, putzen und Wäsche waschen kann. Und ich freue mich, dass ich am Leben bin, und darum feiere ich jeden Tag.

Das bedeutet jetzt nicht, wenn ich alles befolge, dann werde ich in jedem Fall gesund. Sondern: So gehe ich meinen Weg und ich weiß nicht, ob das so „richtig" ist, ich weiß nur, dass es mich stärkt.

Das wünsche ich mir von Herzen für alle, die dieses Buch lesen: inneren Frieden zu finden. Das hat jeder Mensch auf der Erde verdient und wenn wir den hätten, dann ginge es uns allen viel besser. Es gäbe keine Konflikte, keine Kriege, keine Ausgrenzung, keinen Rassismus, keinen Neid und vieles mehr. Das wünsche ich mir und uns allen von ganzem Herzen.

VERBUNDENHEIT

*Heilsam ist nur, wenn im Spiegel der Menschen-
seele sich bildet die ganze Gemeinschaft und in
der Gemeinschaft lebet der Einzelseele Kraft.*

Rudolf Steiner

Wie ich schon im ersten Kapitel angedeutet habe, fällt mir „Hilfe annehmen" immer noch recht schwer. Und da zur Verbundenheit gehört, auch Hilfe anzunehmen, also nicht nur zu geben, sondern auch zu empfangen, möchte ich dich auch hier auf meinen Weg ein kleines Stück mitnehmen. Und ich wollte das Thema nicht auslassen, weil ich spüre, wie elementar dieses Thema für alle Menschen ist, vielleicht sogar heute wichtiger denn je. Wie schon einmal erwähnt, begann ich dieses Buch in der Anfangszeit von Corona. Und jetzt, mitten in dieser Zeit, in der ich diese Zeilen hier schreibe, wird immer mehr deutlich, wie sehr wir Menschen miteinander verbunden sind. Im Guten wie im weniger Guten. Einerseits erleben wir ein neues Gefühl des Zusammenhalts in dieser besonderen Zeit. Andererseits erleben wir viel Angst, Verunsicherung und viel Hetze aus verschiedenen „Meinungslagern". Und wir erleben Menschen, die sich in dieser Krise unverantwortlich verhalten. Palettenweise geklaute Desinfektionsmittel in Krankenhäusern und Mitmenschen mit Verschwörungstheorien kirre zu machen sind nur zwei Beispiele. Zu den Verschwörungstheorien habe ich diese persönliche Meinung: Ich weiß nicht, ob es diese Verschwörungen überhaupt gibt und was dann von den verschiedenen wahr ist. Ich beschäftige mich auch ganz bewusst nicht damit. Denn ich weiß eins: Wenn es so ist, dass es diese Verschwörungen geben sollte, dann haben diese Menschen ihre Mission bereits erfüllt, wenn du dich damit beschäftigst und dich diese Nachrichten schwächen. Denn wenn wir uns mit diesem Material beschäftigen, kommen wir höchstwahrscheinlich automatisch in einen Zustand der Angst, Hilflosigkeit, Wut und in den Opferzustand. Egal welche Emotionen da kommen, es sind in der Regel welche, die unser Energieniveau drastisch senken. Und genau in diesen energetisch geschwächten Zustand soll man ja gelangen, denn wenn es die Verschwörungen geben sollte, ist die Intention, Angst zu erzeugen. Denn Angst schwächt uns und hält uns klein. Und damit möchte ich mich nicht beschäftigen. Dann wähle ich Distanz. Ich sage bewusst nicht mehr „Ich schütze mich". Denn wenn ich denke, ich muss mich schützen, komme ich in den Zustand, den ich schon beschrieben habe. Ich sehe mich als Opfer, wenn ich denke, dass ich Schutz benötige und nicht als Schöpfer meines Lebens. Wenn meine Intention aber ist: Ich wähle Distanz zu diesem oder einem anderen Thema oder einer Person, dann bleibe ich in meiner Schöpferkraft. Wenn du merkst, egal um was es geht, du fühlst, dass du sagen willst: STOPP, bis hierher und nicht weiter. Dann könntest du dir innerlich sagen: Ich wähle jetzt Distanz. Und du kannst als Symbol deine Finger verschränken oder deine Beine. Wenn du allein bist, kannst du auch beide Unterarme vor dem Brustkorb als X verschränken. Das sind zusätzliche körperlichen Anker, die du für dich setzen kannst, um etwas und jemanden nicht in deinen persönlichen Seelengarten eindringen zu lassen (über das Konzept „Seelengarten" schreibe ich im Kapitel Selbstliebe). Aber ich meine hierbei auch nicht, dass wir die Augen vor unhaltbaren Zuständen im Außen verschließen sollten. Wenn dich das Beschäftigen mit bestimmten Informationen stärkt und dich weiterbringt, dann ist das wunderbar und hilfreich. Nur wähle auch hierbei mit Bedacht.

Nur frage dich: In was will ich meine Energie stecken? Und wie viel Energie steht mir aufgrund meiner Situation zur Verfügung?

Denn ich glaube, dass jede Erkrankung eine Aufforderung ist, sich mehr mit mir selbst zu beschäftigen und nach innen zu lauschen.

So wie Krebs ist das Corona-Virus eine Bedrohung für unser Leben. Bei Krebs geht es um das persönliche Leben, bei Corona ist es noch weiter gefasst, da die Maßnahmen alle Menschen betreffen und es ein kollektives Thema ist. Letzten Endes geht es aber wie bei Krebs um die Angst vor dem Sterben oder dem Sterben von uns geliebten Menschen. Und wenn wir uns einmal wirklich tiefgehend mit dem Leben und dem Sterben beschäftigt haben, dann verliert so ein Virus auch den persönlichen Schrecken. Das heißt aber nicht, dass ich gegen die Maskenpflicht und andere Maßnahmen bin, ganz im Gegenteil. Das finde ich gut, denn es symbolisiert für mich große Achtsamkeit gegenüber meinen Mitmenschen. Und das heißt, dass ich auch in der Corona-Zeit nicht verzweifelt bin. Sondern diese Zeit bewusst nutze, an mir und meinem

Traum zu wirken. Natürlich hatte ich im ersten Moment Angst, das will und kann ich nicht leugnen. Aber als ich in mich hineinhörte, wusste ich, dass ich ins Vertrauen gehen konnte. Natürlich will ich hier nicht die Trauer um die Menschen schmälern, die an diesem Virus verstorben sind. Das tut mir sehr, sehr leid. Ich denke, es gibt eben viele Wege, um „nach Hause zu gehen", und Corona ist eben nun mal leider einer davon, so hart das klingen mag.

Beim Thema Verbundenheit will ich dir auch noch erzählen, dass auf meinem Weg mit dem Krebs viele wunderbare Bekanntschaften und Freundschaften entstehen durften und ich tiefgehende Begegnungen erleben durfte. Dafür bin ich sehr dankbar. Und bevor die Diagnose kam, dachte ich oft, ich würde gerne noch mehr Begegnungen haben, die tiefer gehen. Klar kann ich Smalltalk machen und mich an der Oberfläche bewegen. Aber das langweilt mich, ehrlich gesagt, auf Dauer immens. Und diese Tiefe hätte ich vielleicht ohne die Diagnose vermutlich nicht erlebt. Ich erlebte seitdem viel mehr Verbundenheit mit Mitmenschen, so wie ich es mir immer gewünscht hatte. Und natürlich fühle ich mich auch wiederum mit anderen Menschen überhaupt nicht verbunden. Allerdings bin ich mir sicher, auf einer anderen Ebene, der Ebene des Herzens, sind wir alle verbunden. Wir sind alle Erdenkinder und wir sind alle in unserem tiefsten Inneren lichtvolle Wesen. Auch wenn das bei vielen überhaupt nicht so aussieht, ich weiß. Aber ich bin da eine unverbesserliche Optimistin. Denn ich glaube, dass alle Menschen tief in ihrem Inneren nur geliebt werden wollen. Und diese Liebe, die finden wir nur in uns selbst. Wir Menschen suchen unser Glück meistens im Außen. Beispielsweise in der Karriere, dem neuen Auto, dem Partner, der schicken Handtasche und in den vielen Statussymbolen oder Suchtmitteln. Aber da finden wir unser Glück langfristig nicht. Unser wirkliches Glück liegt im Inneren. Auf dieser tiefen Ebene der allumfassenden Liebe, da sind wir auch alle verbunden. Ich glaube, das gilt auch für Menschen, die augenscheinlich Schreckliches in die Welt bringen. Auch wenn es mir manchmal schwerfällt, aber ich bin mir sicher, diese Menschen haben leider „nur" jeglichen Kontakt zu ihrem inneren Wesenskern, zu ihrer Seele verloren. Wir sind alle auf der Ebene der inneren Liebe und Weisheit gleich. Egal ob arm ob reich, egal aus welchem Land wir kommen und egal wie erleuchtet wir uns fühlen oder nicht. Ich habe starke Probleme mit Sätzen wie: „Die ist spirituell noch nicht so weit wie ich", „Der ist viel weiter als jener" usw. Das sind Illusionen, denn wir sind alle gleich auf dieser Ebene unserer inneren Liebe, oder nenn es wie du willst, jeder hat dafür andere Worte. Auf der materiellen Ebene, in der Polarität zeigt sich natürlich ein ganz anders Bild. Weswegen wir glauben, wir seien voneinander getrennte Wesen. Wenn wir alle tief in unser Herz schauen würden und dem lauschen, was es uns zu sagen hat, werden wir die Liebe finden, die wir im Außen langfristig erfolglos gesucht haben.

Frage dich, wenn du magst:

Mit wem fühle ich mich tief verbunden?

Welche Menschen möchte ich noch mehr in meinem Leben haben?

Bin ich mit meiner inneren Weisheit und Liebe verbunden?

DANKBARKEIT

Nicht die Glücklichen sind dankbar.
Es sind die Dankbaren, die glücklich sind.

Francis Bacon

Dieses Kapitel will ich mit einem Zitat beginnen, aus dem Buch „Selbstheilungskräfte" von Josef Ulrich: „In meiner Arbeit mit Menschen, die schon lange mit Krankheiten zu tun haben, erlebe ich, dass die sogenannten Kranken in einem gewissen Sinne die Gesunden sind. Sie sind die Gesunden, weil sie die Fähigkeit entwickelt haben, mit der Wirklichkeit des Lebens, dem andauernden Sterben und Geborenwerden besser umzugehen. Viele dieser Menschen leben bewusster und dankbarer. Und ich meine, dass jeder in sich spüren kann, dass Bewusstsein und Dankbarkeit zwei zentrale Tugenden des Menschseins sind."

Ich erinnere mich oft an eine Situation in der Reha zurück. In einer Gruppenrunde wurde gefragt: „Was hat dir die Erkrankung Gutes gebracht?" Und es war zwar eine große Runde, bestimmt 25 Menschen. Und es kam so viel Positives und so viel Dankbarkeit, dass ich wirklich überrascht war über das Ausmaß. Bis zu dem Zeitpunkt habe ich schon viele Aspekte meines Lebens in Dankbarkeit sehen können. In dieser Reha wurde mir das Thema auf einer tieferen Ebene bewusst. Und obwohl ich nicht krebsfrei war, im Gegensatz zu vielen anderen, die nach einer kurativen Therapie dort waren. Die anstrengendste Zeit meines Weges lag gerade erst hinter mir. Und ein erneuter Chemo-Zyklus lag vor mir. Und doch konnte ich dort in den drei Wochen vieles für mich lernen. Und dies war eins davon: Dankbarkeit. Ich hatte noch nie so viel Zeit und Ruhe für mich wie während der letzten zwei Jahre Chemo, die hinter mir lagen. Denn vorher stand für mich fast jede Woche Chemo an. Sowie viele Arzttermine, Haushalt führen und mich um unseren Sohn kümmern. Mein Lebenspartner hat natürlich viele Aufgaben für mich übernommen, aber mal ganz raus zu sein aus dem Alltag, das war das wahre Geschenk. Und ich war so dankbar, diese Reha überhaupt antreten zu dürfen. Es war erst ein paar Tage vorher klar, dass ich eine Behandlungspause machen konnte.

Und ich hatte in der Reha mehr Raum für mich alleine und mehr Zeit, in mich hineinzuhorchen. Ich ging dort auch viel allein in den Wald. Alles in dieser Reha war für mich wundervoll, das leckere bio-vegetarische Essen, die Therapien, die tolle Ärztin, die kreativen Angebote, der tolle „Zauberwald" und ganz besonders meine wunderbare Tischgemeinschaft. Und das hat mich jeden Tag dankbarer werden lassen, auch wenn mein Körper zu dem Zeitpunkt ziemlich geschwächt war, ich genoss alles in vollen Zügen.

Für was bist du dankbar?

Was ist, trotz allem, was wirklich unschön an deiner Erkrankung ist, für dich besser geworden seitdem?

In der schwierigsten Zeit auf meinem Weg habe ich das Dankbarkeitstagebuch für mich entdeckt. Und das ist natürlich nichts Neues, das haben dir wahrscheinlich schon viele empfohlen. Das war bei mir auch so und ich habe es mir meistens vorgenommen und doch nicht gemacht. Aber ich kann dich nur ermuntern, es zu probieren. Es geht ganz einfach und lenkt deinen

Fokus eine Zeit lang mal weg von allem, was vielleicht gerade ganz blöd in deinem Leben läuft. Hin zu dem, was du hast und worüber du dankbar sein darfst. Und durch diese Dankbarkeitspraxis wurde ich auch immer achtsamer. Ich sehe beispielsweise das Wunder der Natur mit viel mehr Dankbarkeit an als zuvor. Ich beginne immer mehr die wunderbaren Dinge nicht mehr als „selbstverständlich" anzusehen, sondern als großes Geschenk.

Wofür bist du heute dankbar?

Notiere es dir jeden Abend. Dir wird mit der Zeit immer mehr bewusst, wofür du heute dankbar sein darfst. Notiere dir auch die für dich ganz selbstverständlichen Dinge wie das schöne Zuhause oder das leckere Essen. Denn:

„Es gibt zwei Arten sein Leben zu leben: entweder so, als wäre nichts ein Wunder, oder so, als wäre alles ein Wunder. Ich glaube an Letzteres."

Albert Einstein

Vielleicht hast du gedacht, als du die Überschriften der einzelnen Kapitel im Inhaltsverzeichnis durchgelesen hast, wo bleibt denn da die Ernährung? Denn Ernährungstipps sind ja beim Thema Krebs immer in den kontroversesten Formen allgegenwärtig. Und jetzt wunderst du dich bestimmt, warum kommt sie mit Ernährung bei dem Thema Dankbarkeit um die Ecke? Das will ich dir gerne erzählen. Zuvor möchte ich dir sagen, dass ich keine Ernährungsexpertin bin.

Dies alles sind meine Ansichten zu dem Thema. Ich habe mich zu Anfang ziemlich intensiv mit dem Thema Ernährung und Krebs beschäftigt. Und hatte ziemlich oft ein schlechtes Gewissen bei dem, was ich essen konnte, wenn mir nichts anderes wegen der Chemo schmeckte. Vor allem weil das wahrscheinlich das erste Thema ist, was dir wohlmeinende Menschen bei Krebs angedeihen lassen. So kommen die meisten oft recht schnell zu dem Thema.

Und was soll ich sagen, ich war zutiefst verwirrt. Und das tat mir überhaupt nicht gut. Soll ich nun Zucker, Weizen, Gluten und vieles mehr komplett weglassen? Soll ich mich vegan, rohköstlich, ayurvedisch, nach der Öl-Eiweiß-Kost oder nach den Prinzipien von Anthony William[18] ernähren? Oder vor der Chemo fasten? Fragen über Fragen. Denn diese verschiedenen Ernährungsformen, und es gibt ja noch viele mehr, sind in vielen Teilen vollkommen widersprüchlich. Ich habe vieles für mich ausprobiert und gemerkt, ich kann und will keiner der oben genannten Arten der Ernährung zu hundert Prozent folgen. Ich habe hier, wie schon so oft in den vorherigen Kapiteln erwähnt, gelernt, wieder mal auf mich und auf meine innere Stimme zu hören. Das ist wirklich das größte Geschenk für mich, dass ich gelernt habe, zu fragen: WAS STÄRKT MICH? Denn wir sind alle individuelle Wesen und es ist mir zu pauschal, zu sagen, so muss es sein und jeder muss diese oder jene Ernährungsform befolgen. Ich handhabe es jetzt ganz individuell für mich passend. Und das kann auch variieren. Ich bastele mir quasi meine Ernährung aus mehreren Philosophien zusammen und habe mich von verschiedenen Wegen inspirieren lassen. Ich kann mich da nur wie eine Schallpatte wiederholen. Vielleicht passt für dich etwas ganz anderes oder es hilft dir und ist für dich stimmig, einem Konzept zu hundert Prozent zu folgen. Dann ist das ganz wunderbar. Ich muntere dich nur auf, dich zu fragen.

Schwächt und stresst dich dein Ernährungskonzept? Oder stärkt es dich, nährt dich und dient deinem höchsten Wohl?

Und vielleicht ändere ich Dinge in meiner Ernährung in den nächsten Monaten oder Jahren wieder. Ich denke auch, das ist ein Prozess und wir dürfen individuell auf das hören, was uns gerade guttut, was uns nährt. Und ich bewundere diese Menschen sehr, die so diszipliniert sind, diese oder jene gesunde Ernährungsform hundertprozentig durchzuführen. Davor habe ich wirklich Respekt, aber so bin ich nicht. Freiheit und Selbstbestimmung sind meine höchsten Werte und so widerstrebt mir jede Form von starren Regeln und Dogmen. Aber wenn ich auf gesunde Ernährung wirklich Lust habe, so wie es jetzt bei mir meistens, aber nicht immer der Fall ist, dann macht es mir unbändigen Spaß. Und ich glaube, es tut allen Menschen gut, in jedem Lebensbereich zu versuchen, so viel Spaß und Leichtigkeit wie irgend möglich zu haben. Und dazu gehört für mich, wenn ich nachmittags auch mal Schokolade oder Kuchen essen möchte, dies mit

Freude zu tun. Denn ich glaube, dass das schlechte Gewissen, das wir haben, wenn wir nicht hundertprozentig gesund essen, viel schädlicher für unser Befinden ist, als mal eine süße Sache mit großem Genuss zu verspeisen. Es geht mir hierbei darum, das Essen auch als einen bewussten und achtsamen Akt wahrzunehmen. Als ich viele Jahre im Außendienst war, habe ich immer wieder irgendwelche fett belegten Käsebrötchen vom nächstbesten Bäcker, der gerade auf meinem Weg lag, quasi verschlungen. Oder noch schlimmer, diese oft während des Fahrens gegessen. Also ohne Bewusstsein und Achtsamkeit, sondern in Hetze und Stress. Vor sehr vielen Jahren war das oft sogar Essen von Fastfood-Ketten. Klar, mir fehlte die Zeit, das war meine Ausrede, aber wir reden hier von Lebensmitteln. Lebensmittel, das sind die „Mittel für unser Leben". Und da kann ich nur sagen, je unverarbeiteter, frischer, biologischer und energiereicher diese sind, desto besser.

Also bin ich seit über zehn Jahren Vegetarierin. Ich sage immer, ich bin Vollzeit-Vegetarierin und Teilzeit-Veganerin. Wenn du dich für gesunde und vollwertige vegane Ernährung interessieren solltest und wissen-schaftliche Erklärungen liebst, empfehle ich dir die Literatur von Nico Rittenau[19]. Die Tendenz bei mir geht stark in Richtung Veganismus, aber eben nicht dogmatisch. Wenn meine Mutter einen Kuchen backt und die Eier ihrer eigenen Hühner verwendet, esse ich das auch mal gerne. Aber eben als Ausnahme.

Bevor ich Vegetarierin wurde, aß ich schon immer weniger Fleisch. Irgendwann merkte ich, ich will das nicht mehr, es tut mir nicht gut, es tut den Tieren nicht gut und unserer Umwelt auch nicht. Also drei sehr gewichtige Gründe für mich. Wobei ich an dieser Stelle betonen will, dass Vegetarier oder Veganer zu sein zunächst noch nichts über ausgewogene Ernährung aussagt. Denn wir können uns auch ungesund ernähren, egal welches Modell wir wählen. Allerdings nehmen wir, wenn wir Fleisch essen, die ganzen Medikamente, die Tiere bekommen, mit dem Essen in uns auf. Und das finde ich doch sehr unschön, zusätzlich zu dem, was wir den Tieren antun, natürlich. Übrigens, seitdem ich kein Fleisch und keine Wurst mehr esse, ist meine vormals chronische Verdauungsschwäche komplett verschwunden. Aber auch hier schaue: Was ist dein Weg? Klar fände ich es sehr wünschenswert, wenn alle Menschen keine Tiere mehr essen würden. Aber ich will nicht missionieren. Das funktioniert eigentlich nie. Echte Veränderungen kommen immer aus uns selbst heraus und nicht, indem wir uns eine Meinung überstülpen lassen. Für mich persönlich bedeutet gesundes Essen, Gemüse, Obst und Getreide möglichst unverarbeitet zu essen, also pflanzenbasierte Vollwertkost. Damit meine ich nicht hauptsächlich den veganen Hamburger oder den vegetarischen Wurstersatz usw. zu konsumieren. Sondern Lebensmittel, die das Wort verdienen. Die noch Leben in sich haben und nicht in irgendeiner Fabrik ewig bearbeitet wurden. Sondern Gemüse und Obst so frisch, biologisch und regional wie möglich. Und da ist noch Leben drin und dafür bin ich so unendlich dankbar. Das habe ich bei oben genanntem Antony William (AW) gelernt. Ich finde das beste Buch von ihm ist „Medical Food". Die Beschreibungen der heilsamen Obst- und Gemüsesorten haben mir wirklich Lust gemacht, diese für mich wieder neu zu schätzen und lieben zu lernen. Es ist so viel Energie in diesem frischen Obst und dem frischen Gemüse enthalten. So bin ich jetzt jedes Mal dankbar, wenn ich beispielsweise einen knackigen Sellerie, einen frischen Fenchel, einen leckeren Apfel oder eine süße Birne aufschneide oder wunderbar erdende Kartoffeln schäle. Dass uns so eine Fülle an gesunder biologischer Powernahrung zur Verfügung steht, weiß ich mehr denn je zu schätzen, einfach weil ich mich damit intensiv beschäftigt habe. Also beim Aufschneiden eines Rotkohls werde ich richtig demütig. So ein tolles Kunstwerk, das die Natur dort erschaffen hat. Dieses Staunen über die Vielfalt unseres Obstes und Gemüses, das ist ein Teil meiner Dankbarkeitspraxis geworden. Und das habe ich auch durch das oben beschriebene Buch von AW gelernt. Und ich bin dankbar, die Ernährung jetzt mehr denn je als Geschenk erleben zu dürfen. Das heißt, wie gesagt, nicht, dass ich AW-konform komplett ayurvedisch oder komplett vegan lebe. Aber meine Recherchen zum Thema gesunde Ernährung bzw. Ernährung bei Krebs haben mir viel gebracht. Dadurch, dass ich mich damit beschäftigt habe, habe ich eine neue Wertschätzung für Lebensmittel entwickelt. Und auch die ayurvedische Ernährungslehre und Öl-Eiweiß-Kost habe ich probiert und darin einiges gefunden, was ich für mich mitnehmen konnte. Und dass wir täglich genügend Wasser ohne Kohlensäure trinken sollten, das muss ich nicht erwähnen. Ich denke, wir alle wissen, wie wichtig das für uns Menschen ist.

Vielleicht kennst du es, bei vielen Chemo-Behandlungen bist du froh, überhaupt auf etwas Appetit zu haben. Ich habe oft keinen Appetit, etwas zu essen, aber mein Magen ist dann ungeheuer hungrig und ich muss mich zum Essen zwingen. Übel ist mir zum Glück nie wirklich. Aber auch das gibt es, und dann gehen oft nur wenige Nahrungsmittel und das ist dann vollkommen in Ordnung, mach dir da bitte keinen Druck. Es kommen wieder bessere Zeiten! Manchmal konnte ich tagelang nur Kartoffeln mit Spinat essen. Ein anderes Mal aß ich in der Saison jeden Tag Spargel und manchmal gingen nur Nudeln mit Tomatensoße. Und so hatte ich viele verschiedene Phasen. Und es mag sein, dass Fasten vor der Chemo gut ist, aber ich hätte es nicht gekonnt. Es hätte komplett meinem körperlichen Bedürfnis in der Chemo widersprochen. Und wenn Fasten vor der Chemo für Menschen hilfreich ist, dann ist das wunderbar. Ich bin so unendlich dankbar, auch in diesem Bereich in mein Selbstvertrauen gekommen zu sein.

Und wenn du jetzt denkst, das ist völliger Schmarrn,

den sie da erzählt. Das ist vollkommen in Ordnung. Du kannst essen, was DU WILLST!

Ich empfehle dir nur, auch hier hinzuspüren:

Stärkt mich meine Ernährungsform oder schwächt sie mich?

Ich bin ein wenig abgeschweift. Mein Bericht von den „Wundern der Mittel für unser Leben – Lebensmittel" ist nur ein Beispiel meiner Dankbarkeitsgeschichten. Schreibe deine eigenen Dankbarkeitsgeschichten! Ich lade dich ein, dir die Fragen zu stellen, beispielsweise jeden Abend vor dem Schlafengehen, und die Antworten zu notieren:

Wofür bin ich heute dankbar?

Welche Begegnungen habe ich genossen?

Für welche alltäglichen Dinge darf ich dankbar sein?

Was habe ich heute Schönes erlebt?

Ich wünsche dir ganz viel Freude dabei. Und ich bin dankbar, dass es dich gibt, dass du dieses Buch bis hierhin gelesen hast, und ich hoffe, ich kann dich ein wenig inspirieren.

SELBSTLIEBE

Als ich mich selbst zu lieben begann, konnte ich erkennen, dass emotionaler Schmerz und Leid nur Warnungen für mich sind, gegen meine eigene Wahrheit zu leben. Heute weiß ich: Das nennt man AUTHENTISCH SEIN.

Charlie Chaplin

Und das Zitat geht auch noch weiter: „Als ich mich selbst zu lieben begann, verstand ich, wie sehr es jemanden beeinträchtigen kann, wenn ich versuche, diesem Menschen meine Wünsche aufzuzwingen, auch wenn ich eigentlich weiß, dass der Zeitpunkt nicht stimmt und dieser Mensch nicht dazu bereit ist – und das gilt auch, wenn dieser Mensch ich selber bin. Heute weiß ich: Das nennt man RESPEKT.

Als ich mich selbst zu lieben begann, habe ich aufgehört, mich nach einem anderen Leben zu sehnen und konnte sehen, dass alles um mich herum eine Aufforderung zum Wachsen war. Heute weiß ich, das nennt man REIFE.

Als ich mich selbst zu lieben begann, habe ich verstanden, dass ich immer und bei jeder Gelegenheit zur richtigen Zeit am richtigen Ort bin und dass alles, was geschieht, richtig ist – von da an konnte ich gelassen sein. Heute weiß ich: Das nennt man SELBSTVERTRAUEN.

Als ich mich selbst zu lieben begann, habe ich aufgehört, mich meiner freien Zeit zu berauben, und ich habe aufgehört, weiter grandiose Projekte für die Zukunft zu entwerfen. Heute mache ich nur das, was mir Spaß und Freude macht, was ich liebe und was mein Herz zum Lachen bringt, auf meine eigene Art und Weise und in meinem Tempo. Heute weiß ich, das nennt man EINFACHHEIT.

Als ich mich selbst zu lieben begann, habe ich mich von allem befreit, was nicht gesund für mich war, von Speisen, Menschen, Dingen, Situationen und von allem, das mich immer wieder hinunterzog, weg von mir selbst. Anfangs nannte ich das „Gesunden Egoismus", aber heute weiß ich, das ist SELBSTLIEBE.

Als ich mich selbst zu lieben begann, habe ich aufgehört, immer recht haben zu wollen, so habe ich mich weniger geirrt.
Heute habe ich erkannt: Das nennt man BESCHEIDENHEIT.

Als ich mich selbst zu lieben begann, habe ich mich geweigert, weiter in der Vergangenheit zu leben und mich um meine Zukunft zu sorgen. Jetzt lebe ich nur noch in diesem Augenblick, wo ALLES stattfindet, so lebe ich heute jeden Tag und nenne es ERFÜLLUNG.

Als ich mich zu lieben begann, da erkannte ich, dass mich mein Denken armselig und krank machen kann. Doch als ich es mit meinem Herzen verbunden hatte, wurde mein Verstand ein wertvoller Verbündeter. Diese Verbindung nenne ich heute WEISHEIT DES HERZENS.

Wir brauchen uns nicht weiter vor Auseinandersetzungen, Konflikten und Problemen mit uns selbst und anderen fürchten, denn sogar Sterne knallen manchmal aufeinander und es entstehen neue Welten. Heute weiß ich: DAS IST DAS LEBEN!"

Solange ich zurückdenken kann, war ich mit meinem Aussehen nie wirklich zufrieden. Obwohl ich jetzt mehr wiege als vor der Diagnose, fühle ich mich in meinem Körper viel wohler als in den vielen Jahren zuvor. Ich denke, das liegt daran, dass ich nicht mehr nach Perfektionismus strebe und lerne, meinen Körper so zu lieben, wie er ist. Und ich die Dinge viel entspannter angehe und ich „milde" mit mir geworden bin. Mein Körper arbeitet so wunderbar für mich. Er hat schon so viel Chemos gut verarbeitet und ich bin ihm dafür unendlich dankbar. Ein Arzt sagte mal zu mir: „Das, was ihr Körper für sie leistet, ist ein wirklicher harter Marathon und es ist nicht nur einer, sondern es sind viele!" Vielleicht denkst du, ich bin verrückt, aber ich bedanke mich regelmäßig bei meinen einzelnen Körperteilen, wie toll sie arbeiten und dass sie für mich da sind. Und dafür, dass mein Körper den Behandlungsmarathon jetzt schon zweieinhalb Jahre mit mir durchlebt. Ich habe erlebt, dass es eben nicht selbstverständlich ist, dass es allen meinen Körperteilen gut geht. Daher bin ich jetzt in liebevollem Kontakt mit ihnen. Ich bedanke mich bei meinen Füßen und Händen, die unter der Chemo viel mitmachen müssen (Hand-Fuß-Syndrom). Bei meiner Leber, dass sie täglich so unendlich viel für mich leistet und trotz Metastasen immer unermüdlich für mich im Einsatz ist, sie ist ein wahres Wunderwerk. Meinen Brüsten, meinen Knochen, meiner Haut und allen Körperteilen sende ich jeden Morgen und jeden Abend meine Dankbarkeit und Liebe. Auch meinem

Blut bin ich unendlich dankbar, dass ich trotz der vielen Behandlungen insgesamt fast immer gute Blutwerte habe. Das ist bei vielen Patientinnen immer das große Bangen. Natürlich liegt es wahrscheinlich daran, dass ich vergleichsweise „mildere" Therapien bekommen habe. Aber dennoch finde ich es toll, dass mein Körper so wunderbar für mich arbeitet. Ich glaube, die Dankbarkeit und Wertschätzung für das, was wir haben, was wir erleben, was unser Körper für ein Wunderwerk ist, lässt die Selbstliebe quasi von alleine gedeihen. Denn ich erfahre jetzt viel mehr das Gefühl, mich selbst zu lieben und wertzuschätzen.

Das wundervolle Zitat von Charlie Chaplin am Anfang dieses Kapitels ist für mich so wertvoll und eigentlich sagt es alles, was es für mich zu der Selbstliebe zu sagen gibt. Wichtig ist, uns frei zu machen von der Idee, Selbstliebe sei egoistisch. Das ist ein Irrtum, dem ich auch sehr lange aufgesessen bin. Die egoistische Form wäre selbstsüchtig. Erst wenn wir uns selbst lieben und uns in Selbstfürsorge üben, können wir auch andere lieben. Und wenn wir uns alle selbst mehr lieben würden, dann wäre Frieden und Harmonie auf der Welt. Denn Menschen, die mit sich selbst im Reinen sind, reden nicht schlecht über andere, brauchen keinen Krieg, beuten andere nicht aus und betrügen nicht.

Das Konzept des „Seelengartens" hat mir sehr geholfen, mehr Selbstliebe und Selbstfürsorge in mein Leben zu integrieren. Dieses durfte ich bei einem Vortrag in meiner Reha kennenlernen. Soweit ich weiß, gibt es darüber kein Buch oder Ähnliches. Es ist das Konzept von einer Ärztin dort, die darüber einen wunderbaren Vortrag hielt. Ich will versuchen, dir dieses Konzept so zu erklären, wie ich es für mich notiert habe während des Vortrags. Allerdings muss ich gestehen, ich habe es ein bisschen ausgeschmückt notiert. Aber darum geht es, denn jeder Seelengarten ist einzigartig. Es ist ein flexibles Konzept, nicht starr. Ich will gerne versuchen, deine Phantasie zu beflügeln. Der Seelengarten ist eine wundervolle Metapher. Wenn Malen dich anspricht, nimm dir Zettel und Stift und male deinen persönlichen Seelengarten.

Stell dir vor, du stehst in deinem Seelengarten. Du stehst in der Mitte. An dieser Stelle, gleich zu Beginn, fragte die Ärztin: Was machen Sie als erstes in ihrem Seelengarten? Und fast alle sagten: Unkraut jäten. Und sie sagte: Nein, erst einmal schaut euch um und nehmt erst einmal wahr, was IST. Unkraut jäten könnt ihr später. Wie sieht dein Garten aus? Male ihn dir in den schönsten Farben aus. Um den Garten herum ist eine Umfriedung (sehr schönes Wort, wie ich finde, anstatt Zaun oder Mauer). Wie sieht sie bei dir aus? Aus welchem Material besteht sie? Wie hoch ist sie? Dann sieh dich um in deinem Garten und nimm wahr, was du siehst. Denk daran, dass du eine Tür hast, auf jeden Fall mit Klingel. Wie hört sich deine Klingel an? Lausche. Deine persönliche Tür zu deinem Seelengarten. Wie sieht sie aus? Welche Farbe hat sie?

Was für ein Schloss, welche Art Schlüssel und welche Art Türgriff hat deine Tür? Denke daran, dass ist deine Tür und dein Garten und nur DU hast den Schlüssel. DU allein entscheidest, welche Gedanken, Gefühle, welche Menschen dich in deinem Garten besuchen dürfen. Überleg dir also stets, wenn du dich in einer Situation befindest, die herausfordernd ist, wann mache ich meine Tür auf, wann lasse ich sie geschlossen? Eine gute Sache ist auch eine Tür mit Automatikschloss. Dann kannst du dir überlegen, wen oder was du reinlässt und das Ungewünschte bleibt automatisch draußen. Genial, oder? Dann nimm wahr, was du in deinem Garten siehst. Welches Wetter hast du gerade? Hilfreich ist es, ein Plätzchen zum Entspannen und Träumen zu haben. Liegst du oder sitzt du? Worauf? Hängematte, Sonnenliege, Strandkorb oder etwas ganz anders? Auch ist es gut, ein Plätzchen zu haben, um traurig sein zu dürfen. Eine Trauerweide und vielleicht hast du auch einen „See der ungeweinten Tränen" in deinem Garten? Oder einen Bach? Also damit meine ich, dass du auf jeden Fall einen Platz der Entspannung und Freude haben solltest UND einen Platz für Tränen und Ängste. Beides darf sein und gehört zum Leben dazu. Aber du bestimmst, wann du dich mit was beschäftigen willst. Vor deinem Garten gibt es unbedingt einen Paketannahme- und Abholplatz. Dorthin lässt du erst mal alle Pakete liefern, die du so täglich gesendet bekommst. Mit Pakten sind beispielsweise Ratschläge, Meinungen, Überzeugungen anderer Menschen, Vorwürfe von anderen, Erwartungen von anderen, aber auch so etwas wie Bücherinhalte, Seminarinhalte und Glaubenskonzepte gemeint. Also alles, was täglich so bei dir ankommt. Und dann schaust du dir an dem Paketannahmeplatz den Inhalt an, nicht in deinem Garten. Und du schaust, was du daraus mit in deinen Garten nehmen willst. Vielleicht willst du auch nichts daraus für dich behalten. Das ist vollkommen in Ordnung. Dann sendest du es direkt wieder zurück an den Absender. DU alleine entscheidest, was in deinem Garten sein darf. Und ein Kompost und ein Restmüll-Platz ist auch ganz wichtig. Den Restmüll würde ich dir empfehlen, außerhalb deines Gartens zu legen und den Kompost in deinen Garten. Denn wenn du Erlebnisse „verkompostieren" willst, also es Zeit braucht, bis du es verarbeitet hast, kommt es auf den Kompost. Der Kompost ist wertvoll und steht für einen Wandlungs- oder Umgestaltungsprozess. Und in den Restmüll kommen alle Überzeugungen, Gedanken und Emotionen, die du nicht mehr in deinem Garten haben willst. Vor allem kehre den Dreck, den andere Menschen in deinem Garten hinterlassen haben, weg. Transportiere ihn mit einer großen Schubkarre zum Restmüll. Bitte nicht auf deinen Kompost, der ist zu wertvoll! Dann schaue, was DU in Zukunft mehr in deinem Garten aufblühen lassen willst. Bei mir war es hauptsächlich mein Selbstausdruck. Das ist bei dir vielleicht etwas ganz anders. Welche Werte und Gefühle möchtest du neu kultivieren? Es wächst und gedeiht in deinem Garten jeden Tag Neues. Du lernst deine Seelenpflanzen kennen und willst vielleicht mit ihnen sprechen. Vielleicht hast du auch unsichtbare Helfer in deinem Garten? Vielleicht Engel oder Elfen? Vielleicht was ganz anderes? Ein Seelentier? Lass deiner Phantasie freien Lauf und träume, träume so zauberhaft du nur kannst. Viel Freude wünsche ich dir in deinem persönlichen Seelengarten! Ich glaube fest daran, dass aus dieser Seelenarbeit unsere Selbstfürsorge wächst und wir durch diese wertschätzende Arbeit mit uns wir auch mehr und mehr Selbstliebe für uns empfinden können.

Das Benutzen des „automatischen Türschlosses" ist seitdem sehr elementar für mich geworden. Ich ließ oft Menschen in meinen Seelengarten „latschen" und ließ sie mir bereitwillig „Energie absaugen". Was meine ich damit? Natürlich höre ich gerne anderen Menschen zu, versuche zu helfen und versuche sie zu motivieren, an sich selbst zu glauben. Aber es gibt auch Menschen, die sich einfach nur bei dir „ausschütten" wollen. Also ihren „Dreck", ich meine damit ihre Probleme, gerne in einem anderen Seelengarten „abladen". Und unser Gegenüber hat ja keine bösen Absichten, nein! Er sucht nach Liebe und meint diese zu finden, indem er die Aufmerksamkeit des anderen dadurch erlangt, dass es ihm immer besonders schlecht geht und er immer viel Negatives weiterträgt. Und das ist ein großer Unterschied zu tiefgehenden freundschaftlichen Gesprächen, wo jeder ehrlich sagen kann, wie es ihm geht, beide Seiten zu Wort kommen und man sich gegenseitig unterstützt. Bei mir war es schon oft so, dass ich diejenige war, bei der Menschen sich gerne ihr Herz ausschütteten. Als ich noch als Augenoptikerin im Laden arbeitete, sagte mein Chef scherzhaft oft zu mir: „Frau Jung, ihnen stellen wir ein rotes Sofa hin und dann nehmen wir 120 Mark die Stunde für eine Therapiesitzung." Und ja, ich bin ganz ehrlich zu dir, daraus habe ich lange Zeit meinen Selbstwert gezogen, aus dem „Gebrauchtwerden". Das ist ja auch schön, wenn man das Gefühl hat, „gebraucht" zu werden. Aber ich denke, es sollte nicht das sein, was unsere Persönlichkeit ausmacht. Ich habe mich lange Zeit in solchen Gesprächen selbst verloren. Weil ich zu sehr bei meinem Gegenüber war. Ich war nicht mehr in meiner eigenen Energie. Sondern ich habe mich in die meist angstvolle und jammernde Energie des anderen begeben und mich dabei selbst verloren. Oft hatte ich das Gefühl, gar nicht mehr ich selbst zu sein. Das fühlte sich leer und hohl an. Die Balance fehlte. Also ich denke, einerseits ist es gut, sich empathisch in Menschen einfühlen zu können. Das fehlt machen Menschen eindeutig. Aber andererseits ist ein Zuviel des Einfühlens auch nicht gesund und da fehlt es oft, Distanz zu wählen. Und ich habe gelernt, wieder zu mir zu finden und aus meinem Seelengarten heraus liebevoll Menschen zu begegnen, ohne dass ich mich dabei selbst verliere. Manchmal passiert es mir noch, aber mein Bewusstsein dafür ist groß geworden, sodass ich es relativ schnell merke und wieder zu mir finden kann. Und dabei hilft mir das Bild des Seelengartens sehr. Denk daran: NUR DU entscheidest, ob und wann deine Tür auf oder zu ist.

Und meistens sind Menschen wie ich auch extrem feinfühlig und sensibel. Und dazu will ich dir auch etwas erzählen, vielleicht geht es dir auch so. Mir ist es schon oft in meinem Leben passiert, dass ich völlig entsetzt und verletzt war, wenn Menschen mir nicht so freundlich begegneten wie ich ihnen. Bestimmt habe ich auch mal einen schlechten Tag, aber das lasse ich normalerweise nicht an anderen Menschen aus. Klar habe ich auch im Verkauf und Vertrieb gelernt, immer einen positiven Spirit zu verbreiten. Aber eigentlich ist das auch meine Natur. Ich kann in der Regel nicht anders, als Menschen freundlich zu begegnen. Und gerade in Zeiten nach meiner Diagnose war ich eben noch viel sensibler als jemals zuvor. Wenn jemand unfreundlich zu mir war, nahm ich es noch persönlicher als vorher. Das führte oft auch zu Tränen. Und was ich gelernt habe, ist dies: ES LIEGT NICHT AN DIR! Wenn jemand ohne nachvollziehbaren Grund dich „anpampt" und unfreundlich ist, LIEGT ES NICHT AN DIR! Denn dieses Gegenüber hat dann einzig und allein ein Problem mit sich selbst. Es ist unzufrieden und steckt in einer für ihn schwierigen Lage. Beobachte es bei dir selbst. Wenn ich mal nicht so gut drauf bin, bin ich auch zu anderen nicht so freundlich.

Wenn ich aber mit mir im Reinen bin, mich selbst liebe und in Balance bin, dann kann ich doch gar nicht anders. Denn es würde niemandem, der in seiner eigenen Mitte und mit seinem Herz verbunden ist, einfallen, grundlos zu seinem Gegenüber unfreundlich zu sein oder mit ihm zu streiten. Und das ist für mich wahre Selbstliebe, wenn jemand jetzt sehr unfreundlich ist, versuche ich, ihm mental ganz viel Liebe zu schicken. Denn eigentlich ist ja das, was er macht, sein gut getarnter Schrei nach Liebe. Dieser Punkt war mir wichtig zu betonen, da wir in einer Situation wie mit Krebs einfach oft viel dünnhäutiger sind. Und daher glaube ich, dass es gerade in dieser Zeit wichtig ist, gut für uns zu sorgen und uns nicht noch Gedanken darüber zu machen, ob wir vielleicht etwas falsch gemacht haben, wenn wir einem Menschen begegnen, der unfreundlich auf uns reagiert.

Und ich glaube, das Thema Vergebung ist auch ein elementares Thema auf unser aller Weg. Und je nachdem, was du alles erlebt hast, kann Vergebung vielleicht die größte Herausforderung sein. Vergeben bedeutet NICHT, dass du das Tun eines anderen gutheißt, der dich verletzt hat. Es bedeutet auch NICHT, etwas schönzureden, was dein Gegenüber gemacht hat. Wir alle wissen, es gibt wirklich fürchterliche Dinge auf dieser Welt, die uns sehr verletzen können. Dinge und Handlungen, die wir nicht verstehen können und nicht fassen können. Und vielleicht gibt es auch Dinge, für die du dich verantwortlich fühlst, die du dir selbst noch nicht vergeben hast. Ich glaube, sich selbst zu vergeben ist der erste Schritt, bevor du anderen Menschen vergeben kannst. So wie ohne Selbstliebe die Liebe nicht gut gedeihen kann, glaube ich, dass uns selbst zu vergeben der erste Schritt ist. Denn wir schaden ausschließlich uns selbst, wenn wir nicht vergeben. Und dann nehmen wir uns die Chance zur Freiheit, die Chance loszulassen und weiterzugehen. Und ich weiß, ich habe leicht reden, glücklicherweise habe ich keine wirklich schlimmen Erlebnisse mit Mitmenschen gehabt. Also keine Gewalt und so weiter. Aber trotzdem wünsche ich allen, die so etwas Fürchterliches erlebt haben, dass sie dennoch irgendwann vergeben können, um sich damit selbst zu befreien. Und so aus der Energie des Opfers und der Angst in die Energie der Freiheit zu kommen.

Dieses Vergebungsritual finde ich sehr kraftvoll:

Es tut mir leid/weh.
Ich verzeihe mir/dir.
Ich danke mir/dir.
Ich liebe mich/dich.

Ho'oponopono,
hawaiianisches Vergebungsritual

Wem willst du vergeben?
Frage dich, wie kann ich mich von Tag zu Tag mehr lieben?

Wie kann ich liebevoller mit mir, mit meinem Körper umgehen?

Auch gibt es ein schönes Ritual des „Well-Wishing".

Möge es dir gut gehen.
Möge es mir gut gehen.
Mögest du/Möge ich glücklich sein.
Mögest du/Möge ich behütet sein.
Mögest du/Möge ich geborgen sein.

Viel Freude beim Praktizieren, wenn du magst.

MÖGLICHKEITEN

Zwischen ENTWEDER UND ODER, zwischen SCHWARZ UND WEISS liegt das UND, ein Meer voller Möglichkeiten; inmitten von allem, was ist.

Hanna Christina Jung, inspiriert von den Worten von Marlies Winkler

Früher habe ich immer nach dem Prinzip „Schwarz und Weiß" gedacht und gelebt. Also SO ODER SO muss etwas sein und nicht anders. Nur so, wie ich dachte und fühlte, war es für mich richtig. Ich war auf der Suche nach der EINEN Wahrheit. In den Übungsstunden mit Marlies Winkler[20], meiner wunderbaren Qigong-, Tai Chi- und Zapchen-Lehrerin, habe ich durch ihre Worte immer mehr erkannt, dass es zwischen Schwarz ODER Weiß ein Meer von Möglichkeiten für uns gibt. Dass das UND diese Möglichkeiten öffnet. Eine Situation kann schlimm für uns sein, wie eine Krebs-Diagnose, UND GLEICHZEITIG liegt in dieser Situation DEIN MEER DER MÖGLICHKEITEN. Du hast die Wahl, wie du mit der Diagnose umgehst. Du hast die Wahl, wie du mit einer persönlichen Krise wie beispielsweise einer Trennung umgehst, und wie du mit einer globalen Krise wie Corona umgehst. Und in diesem Meer der Möglichkeiten, inmitten von allem, was ist, gibt es für uns alle sehr viel Freiheit und Spielraum. Ich wollte alles immer „richtig" machen. Dieses Schwarz-Weiß-Denken haben viele Menschen. Das wird gerade in der Corona-Zeit, in der ich hier schreibe, noch verstärkter sichtbar als zuvor. Es wird in verschiedene Richtungen verurteilt und gewettert. Die Kluft wird bei manchen Menschen immer größer. Und in den „sozialen Medien", die manchmal gar nicht so sozial sind, wie ihr Name suggeriert, wird viel beurteilt, verurteilt, „gehatet" und beleidigt. Das finde ich sehr, sehr schade. Das gab es natürlich schon vor der Corona-

Zeit. Aber in einer Krise kommt der ganze Wesenskern der Menschen, wie ich finde, noch stärker als zuvor an die Oberfläche. Das heißt zum anderen, dass die Menschen, die sich mit ihrem inneren Licht und ihrem Herzen verbinden, jetzt noch mehr positiven Wandel und Transformation in ihrem Leben vollbringen. Und auch in das Leben ihrer Mitmenschen. Es werden Mundschutz-Masken geschneidert und verschenkt. Es wird alten Menschen beim Einkaufen geholfen. Viele Coaches bringen jetzt mehr kostenfreien und bereichernden Input in die Welt als jemals zu vor. An dieser Stelle will ich dir noch, wenn du sie noch nicht kennst, die Arbeit von Tobias Beck[21] sowie von Laura Seiler[22] ans Herz legen. Sie haben beide sehr motivierende, inspirierende und powervolle Podcasts. Sie sind Bestseller-Autoren, Speaker und Coach. Und die beiden sind sehr aktiv in den sozialen Medien unterwegs und verschenken dort so wertvollen Input. Und natürlich kannst du dort auch tiefer gehen und Online-Kurse buchen. Und das ist wieder so eine wunderbare Facette des Internets. Wir können uns so schnell wie nie mit Menschen verbinden, die auf unserer Welle surfen. Wir können uns mit einem Mausklick mit heilsamen Meditationen, einem Online-Kurs und tiefgehendem Input verbinden. Und das ist ein wertvolles Geschenk. Vor der Diagnose war ich ein überzeugter Offline-Fan. Klar habe ich im Job und auch privat viel am PC und online gearbeitet. Aber an einem Seminar online teilzunehmen war für mich vollkommen abwegig. Da ich ein großer Fan guter Seminare bin, bin ich durch die Diagnose dann doch in die Online-Welt eingestiegen und habe an Online-Kursen und Online-Kongressen teilgenommen. Weil mir die Zeit und Kraft fehlte, wegen der Chemos irgendwo hinzufahren, und mir das viel zu aufwändig gewesen wäre. Tja, und jetzt in der Corona-Zeit geht es eben nur so. Und plötzlich mache ich Qigong und Online-Kurse per Zoom oder Skype.

Und so kam ich im Laufe der Zeit immer mehr zum UND in vielen Bereichen meines Lebens. Ich habe gelernt, Dinge zu verbinden und nicht zu trennen. Also nicht Schulmedizin ODER Alternativmedizin, sondern Schulmedizin UND Alternativmedizin. Nicht offline ODER online, sondern offline UND online. Nicht DER ODER DER hat Recht, sondern DER UND DER, sie haben beide ihre eigene Wahrheit und die kann sehr gegensätzlich sein.

Deshalb, wie schon zu Beginn geschrieben, ist es mir so unendlich wichtig, dir hier nichts aufzuschwatzen und anzudrehen, sondern dich zu inspirieren, DEINE ROUTE inmitten vom allem, im Meer der Möglichkeiten zu finden.

Ich wünsche dir von ganzem Herzen, mit DEINEM SCHIFF DEINER GESUNDHEIT immer deine passende ROUTE zu finden. Dass du mit einer DICH STÄRKENDEN MANNSCHAFT deinen Weg findest und fährst. Im Meer der Möglichkeiten wirst DU DEINE ROUTE finden. Ganz bestimmt. Lass dein Herz dein Kompass sein.

LOSLASSEN

Wer loslässt vom Muss
Wird wollen
Wer loslässt vom Wollen
Wird tun
Wer loslässt vom Tun
Darf sein

Wilma Eudenbach

Loslassen. Ehrlich gesagt bin ich des „Loslassenmüssens" manches Mal extrem müde. Obwohl ich sicher bin, dass es sehr elementar ist. Das Kapitel habe ich vor mir hergeschoben, aber ich merke, es würde fehlen, würde ich es weglassen. Wir lernen in der Persönlichkeitsentwicklung, wie wichtig das Loslassen für das Manifestieren unserer Wünsche, für ein erfülltes Leben und so weiter ist. Aber so ein richtiges Patentrezept habe ich auch noch nicht gefunden. Aber Ideen und Erfahrungen habe ich viele. Was ich gelernt habe, ist dies: Ich kann den Zustand der vollständigen Gesundheit nicht erzwingen. Ich habe nicht versagt, wenn ein Befund nicht positiv ist. Es ist nicht meine „Schuld", dass ich diese Diagnose bekommen habe. Überhaupt geht es nicht um Schuld und Bewertungen, wie etwas zu sein hat. Aber unser Alltag, unsere Denke und unser Wortschatz sind voll davon: „Sie/ Er hat den Kampf gegen den Krebs verloren, sie hat es nicht geschafft... Obwohl sie doch so gesund gelebt hat und keinen Alkohol getrunken hat, bekam sie Krebs..." Es wird so oft nach den Faktoren geschaut, um einen Schuldigen zu finden, und Krankheit als persönliches Versagen interpretiert. Das war und ist manches Mal noch bei mir genauso. Dann denke ich, wenn ich doch genug meditiere und wenn ich mich gesund ernähre, positiv denke, dann MUSS das doch klappen mit der Gesundheit. Aber bei mir funktioniert das so nicht. Ich mache mir immer mehr Druck und komme dadurch immer mehr in einen Zustand von

Stress, Versagen und Selbstzweifel. Für mich hat sich am hilfreichsten bewährt, alle meine festgefahrenen Vorstellungen, wie Heilung passieren könnte, loszulassen. Und dieses Loslassen, von dem ich vorher nicht kapierte, wie es gehen soll, sagt sich so leicht und es ist doch eine Herausforderung, es in die Praxis umzusetzen. Dieses Loslassen erreiche ich für mich dadurch immer wieder neu, dass ich immer mehr im JETZT, in diesem Moment lebe und nicht mit meinen Gedanken schon weiterziehe. Dadurch, dass bei mir alltägliche Dinge nicht mehr so schnell und einfach gehen, wurde ich in diesen Zustand der Achtsamkeit und des intensiveren Erlebens des Moments, der gerade IST, gebracht. Ich habe die Zeichen meines Körpers jahrelang nicht wirklich wahrgenommen, und jetzt bin ich ganz für meinen Körper und für mich da. Das ist ein Weg, manchmal kein leichter, aber mein Weg, der mich näher zu mir und meinem wahren Selbst bringt. Und das ist nur ein Weg, deiner kann vollkommen anders aussehen. Und auch wenn mir die Diagnose viele persönliche Erkenntnisse und inneres Wachstum gebracht hat, so heißt das nicht, dass dieser Weg der einzige Weg in diesem Prozess ist. Natürlich muss nicht jeder Mensch für ähnliche Erkenntnisse eine solche Diagnose bekommen haben. Bei jedem sind es andere Dinge und Erlebnisse, die uns zurück zu uns selbst führen können.

Und vielleicht denkst du jetzt, das ist doch vollkommen widersprüchlich zu dem, was sie geschrieben hat über das Manifestieren und positive Denken. Ja, in unserer 3D-Welt ist das so. Wir suchen nach Schwarz und Weiß, nach Gut und Böse und nach Richtig und Falsch. Aber beides darf sein. Jedes zu seiner Zeit. Es ist eine Frage der Balance, wie alles im Leben, denke ich. Wir dürfen immer zwischen den Möglichkeiten hin- und herschwingen. Und mal ist die eine und mal die andere Möglichkeit für uns heilsam. Einem Teil in mir widerstreben diese Aussagen sehr. Meinem sehr analytischen Verstand, der diese Schubladen und Kategorisierung liebt. Er liebt sie über alles. Alles übersichtlich in Schubladen gesteckt. Ein anderer Teil, der Freiheitsteil, hat darauf überhaupt keine Lust und liebt den Tanz und das Schwingen zwischen den verschiedenen Möglichkeiten. Und beides darf sein. Mein Ego darf sein, wie es ist, mein Verstand denken, was er denkt, und mein Herz darf fühlen, was es fühlt. Ich darf einfach SEIN. Und dafür bin ich, inmitten von allem, was ist, und was mir vielleicht manchmal gar nicht gefällt, unglaublich dankbar.

EPILOG

Wenn der Weg das Ziel ist,
können die Schritte auf ihm nicht klein genug sein.

Peter F. Keller

Kennst du das auch? Du hast ein Buch gelesen oder warst auf einem Seminar, du bist begeistert und denkst, jetzt ändere ich ab morgen beispielweise fünf oder zehn Dinge, die ich gelernt habe und die für mich hilfreich sind. Und oft, wenn ich nach drei Monaten geschaut habe, was habe ich denn wirklich in mein Leben integriert? Dann musste ich oft feststellen: gar nichts... Und dann kam die Enttäuschung und das Gefühl, versagt zu haben. Deshalb finde ich das „Geheimnis der kleinen Schritte" so wertvoll. Das heißt, du nimmst dir pro Monat EINE Sache vor, die du in dein Leben integrierst. Dafür kannst du dir beispielsweise einen Zeitstrahl aufmalen und für dich persönlich deine Schritte für die kommenden Monate notieren. Manchmal geht das natürlich auch wochenweise, aber je nachdem, was du integrieren willst, kann es sein, dass es länger braucht. Hilfreich ist auch, eine größere Veränderung in mehrere kleine Teilschritte aufzuteilen. So macht es einfach mehr Spaß, denn du hast sehr schnell Teilerfolge. Und gut ist es auch, dich zu fragen: Was kann ich genau JETZT tun? Nicht erst morgen, denn oft bleibt es dann bei morgen und wieder morgen und so weiter.

Wenn du den Impuls hast, frage dich:

Welche neuen Dinge, Angewohnheiten, Rituale, Veränderungen will ich zu meinem höchsten Wohl umsetzen?

Mit welchem kleinen Schritt kann ich genau JETZT beginnen?

Und diese Übung beziehe ich nicht auf mein Buch im Speziellen und die Dinge, die du evtl. für dich daraus mitnimmst. Sondern mir geht es darum, wenn du schon lange den Impuls hattest, etwas Neues, dich Stärkendes in dein Leben zu integrieren, genau JETZT den ersten kleinen Schritt zu tun. Ich mache ein kleines Beispiel: Wenn du schon immer Yoga oder Tai-Chi oder was auch immer machen wollest, dann kannst du GENAU JETZT googeln, wo es für dich den passenden Kurs gibt. Viel Spaß beim ersten Schritt, was auch immer dieser sein mag.

In den nächsten Absätzen kann man erkennen, dass Tina noch weitere Pläne hatte. Henning Dehnke

Willst du deinen speziellen Weg mit Krebs mit der Welt teilen? Es geht um ungewöhnliche Krankheitsverläufe, zum Beispiel Diagnosen, welche von der Schulmedizin als „unheilbar" eingestuft wurden, und um ungewöhnliche Behandlungswege, ob mit oder ohne Schulmedizin, das spielt keine Rolle, es geht um DEINE Geschichte. Das gilt nicht nur für Spontanremissionen (Radikalremissionen), sondern genauso, wenn du nicht krebsfrei bist, aber schon sehr lange mit dem Krebs lebst. Also länger, als es eigentlich die Schulmedizin „prophezeite". Wie auch immer dein Weg aussieht, wenn du den Impuls hast, dass du mit deiner Geschichte anderen Menschen Mut machen willst, dann solltest du das tun.

Ich werde ein zweites Buch schreiben, in dem ich (natürlich gerne anonym) diese Erfahrungen von vielen Menschen bündeln werde, um so noch mehr Menschen einen Mutmacher zu schenken. Ein MUTMACH-BUCH, sozusagen. Ich freue mich auf dich. Und sag es gerne weiter, wenn du Menschen kennst, die auch von ihrer Geschichte berichten und damit anderen Mut machen wollen. Vielen lieben Dank, von ganzem Herzen!

Ich las im Sommerurlaub 2019 fünf Romane, leichte Lektüre über Liebe, Sonne, Strand und Meer. Das mache ich immer nur dann, wenn ich auch am Meer bin. Alle Bücher wirkten von außen „harmlos", also von dem Wort Krebs keine Spur. In allen fünf Romanen sind in der Nebenhandlung Menschen an Krebs verstorben. Und JA, das gibt es natürlich. Ich will den Tod nicht wegreden und verleugnen. ABER ich würde auch gerne mal lesen, jemand hatte Krebs und wurde wieder gesund. Oder er hat viele, viele Jahre damit gut gelebt. Und bei Filmen geht es mir auch so. Ich sah noch nie ein positives Beispiel für eine Heilung, immer wurde gestorben. Oder geht das nur mir so? Habt ihr positive Beispiele?

Wenn dieses Buch zufälligerweise eine Autorin oder ein Autor von schönen Romanen lesen sollte: Schreibt doch mal etwas Mutmachendes über Krebs! Mal positive Heilungsberichte in Geschichten, das wäre doch toll! Davon gibt es im wahren Leben doch viele. Ich finde sie nur nicht in Romanen oder Filmen. Ich würde mich aus tiefstem Herzen freuen, wenn wir alle mehr mutmachende Geschichten, auch wenn es „nur" um fiktive Erzählungen geht, lesen könnten. Denn ich denke, das Bild über Krebs in der Öffentlichkeit wird zu negativ gezeichnet. Und von positiven Berichten öfter zu lesen, würde der Gesellschaft bestimmt ein wenig helfen, ein ganz kleines bisschen weniger Angst vor dem Wort Krebs zu haben.

Ich danke dir von ganzem Herzen, dass du dir die Zeit genommen hast, dieses Buch zu lesen. Es ist mir eine Ehre, dass du ein Stück auf meinem Weg mit mir gegangen bist. Und wenn ich dir eine Inspiration geben konnte, eine Mutmacherin sein konnte, freue ich mich unbändig darüber. Ich hoffe, du konntest etwas daraus für dich mitnehmen. Ich wünsche dir aus tiefstem Herzen alles Liebe, viel Kraft, große Stärke und viele wertvolle Wegbegleiter.

Danke, Danke, Danke! ♥ Namasté ♥

PRAXISTIPPS

Dieses Kapitel hatte ich erst einmal gar nicht vorgesehen, denn ich will dich ja darin bestärken, deinen eigenen Weg zu gehen, und will dich keinesfalls „manipulieren", wie dieser Weg aussehen sollte. Dann habe ich aber gemerkt, es gibt doch so ein paar wertvolle praktische Tipps, die leider noch nicht überall bekannt sind beziehungsweise nicht angeboten werden. Weil eben nicht überall in den Kliniken und Praxen dieselbe Philosophie gelebt wird. Ich kam eben gerade darauf, weil ich einer Bekannten, deren Freundin in den nächsten Tagen mit Chemo beginnen wird, zurückschrieb. Sie wollte wissen, was die Freundin vorbeugend bezüglich Neuropathie unternehmen könnte. Und leider gibt es offenbar nicht in allen Kliniken und Praxen denselben Standard. Mir hat das Kühlen der Hände und Füße während Chemos aus der Gruppe der Taxane sehr gute Dienste geleistet. In dem Krankenhaus gehörte es einfach selbstverständlich dazu. Also ich hatte über 50 Chemos mit Taxanen (Paclitaxel im ersten Jahr und Nab-Paclitaxel im zweiten Jahr) und hatte keine Neuropathie!

Vielleicht wirst du die aufgeführten Praxistipps schon kennen, dann ist das super. Aber falls nicht, sind sie eventuell hilfreich für dich oder jemanden, den du kennst.

1. TIPP: KÜHLEN VON HÄNDEN UND FÜSSEN WÄHREND DER CHEMO

Sprich das Thema unbedingt vorher mit deinem behandelnden Onkologen ab! Ich erzähle hier nur aus meinen Erfahrungen und was mir empfohlen wurde. Ich weiß, dass das Kühlen bei einigen Chemotherapien sehr gute Ergebnisse erzielen kann. Ich habe in den letzten zweieinhalb Jahren so viele Mitpatienten kennenlernen dürfen, die alle gekühlt haben. Die allerwenigsten hatten Probleme mit Neuropathie. Aber ich kenne einige Menschen, die in anderen Krankenhäusern ohne Kühlung dieselben Chemos bekamen. Leider hatten diese fast alle Neuropathien. Das ist aber nur meine persönliche Erfahrung. Und wichtig: Es gibt auch Chemo-Mittel, bei denen man AUF KEINEN FALL kühlen darf. Und es gibt welche, bei denen es nicht nötig ist. Also informiere dich bitte vorher bei deinem Arzt! Und wenn dir jemand sagt, klar können Sie kühlen, wenn Sie unbedingt wollen, hilft aber nicht, dann mach es trotzdem, wenn du das Gefühl hast, dass es das Richtige für dich ist. Oder eben nicht, je nachdem, wie es für dich stimmig ist.

Hier ein kleiner Kühlleitfaden, wenn du das Okay von deinem Arzt hast, du dich aber selbst um die nötigen Materialien kümmern musst:

KÜHLMATERIAL BESORGEN: KÜHLHANDSCHUHE UND KÜHLFÜSSLINGE

Füßlinge sind sehr praktisch, da sie nicht wegrutschen können. Oft werden mit Tüchern die Kühlpacks um die Füße gewickelt. Das hält aber nicht so gut. Mit diesen Füßlingen kann nichts verrutschen. Diese habe ich mir zugelegt, da ich im Urlaub eine Chemo machte, wie nochmal in Tipp 4 näher beschrieben. Und dort wurde eben nicht gekühlt.

AUSSERDEM BESORGEN: KÜHLTASCHE, MINDESTENS VIER KÜHLAKKUS, KOSMETIKHANDSCHUHE AUS STOFF (GIBT ES IN JEDER DROGERIE) UND SOCKEN

Gut ist es, verschiedene Varianten dabei zu haben. Also die Kosmetikhandschuhe und noch ein Paar etwas dickere, aber nicht zu dicke Fingerhandschuhe. So bist du flexibel. Es kann sein, dass es gerade am Anfang mit den dünnen Handschuhen zu kalt ist. Genauso bei den Socken. Ein Paar normale Socken und noch ein Paar etwas dickere Socken darüber. Dann kannst du bei nachlassender Kühle ein Paar ausziehen. Sei dabei flexibel und achte auf deinen Körper. Wenn es zu kalt wird, auf jeden Fall eine Pause machen und die Kühlhandschuhe ausziehen.

VORBEREITUNG UND ABLAUF

Mindestens einen Tag vorher frierst du die Kühlhandschuhe und Füßlinge sowie die Kühlakkus ein. Am Chemo-Tag packst du so kurz wie möglich, bevor du abgeholt wirst, alles in die Kühltasche. Frage mal nach, manchmal kannst du dort, wo du die Chemo machst, die Kühlmaterialien in ein Eisfach legen, auch wenn dort eben standardmäßig nicht gekühlt wird. Ich habe gelesen, manchmal wird auch empfohlen, auch etwas vor und nach der Chemo zu kühlen. Das wird wohl unterschiedlich gehandhabt. Ich kühlte die ganze Zeit während der Chemo. Oft habe ich zu Hause auch noch etwas nachgekühlt, je nach Bedarf. Meine Hände waren oft sehr heiß und das tat gut, dann auch zu kühlen. Es kann sein, dass dir ein Paar Kühlhandschuhe nicht ausreichen wird. Dann nimm die Kühlakkus, die du in deiner Kühltasche hast, und kühle damit weiter. Wenn der Kühlhandschuh schon fast aufgetaut ist, kannst du auch ohne die Kosmetik-Handschuhe kühlen, aber zu Beginn in keinem Fall. Wenn es nicht aushaltbar ist, mache eine kurze Pause. Ich weiß, das hört sich ganz schön aufwendig an. Lohnt sich aber, wie ich persönlich finde.

2. TIPP: AYURVEDISCHER TEE

Der hilft bei belegter Zunge, was oft bei Chemos vorkommt. Und ich will hier keinen Ernährungsratgeber schreiben, davon gibt es schon viele und die Autoren haben Expertenwissen im Gegensatz zu mir. Ich will dir nur ein kleines Rezept aus der ayurvedischen Küche aufschreiben. Dieses hat mir sehr beim Symptom der belegten Zunge geholfen, von dem die meisten Menschen berichten, die in Chemo sind oder waren. Es ist ganz einfach:

Frische Kurkuma, frischen Ingwer und Kardamom zehn Minuten im Wasser köcheln lassen. Menge der Zutaten nach Belieben. Am besten erstmal langsam anfangen, wenn du an die Zutaten noch nicht gewöhnt bist.

3. TIPP: WUNSCH-REHA BEANTRAGEN

Seit 2015 gibt es das Wunschrecht. Die neue rechtliche Regelung (§8 SGB IX) legt fest, dass sich jeder Patient selbst seine Reha-Einrichtung aussuchen darf. Ich habe mich bei meinem Antrag auf dieses Wunschrecht bezogen. Der Formelsatz, den ich verwendete, war: „Hiermit mache ich von meinem Wunschrecht Gebrauch und wähle hiermit…" Du findest aber auch, wenn du googelst, Vordrucke dafür. Ich finde es ist nur wichtig, zu wissen, wenn man eine Wunsch-Reha hat, dass man auch das Recht dazu hat, dorthin zu gehen. Ich habe immer wieder Frauen getroffen, die dachten, sie müssten die Reha nehmen, die ihnen jeweils vom Sozialen Dienst vorgeschlagen wurde, ohne auch hier selbstbestimmt wählen zu können.

4. TIPP: URLAUB

Ich bekam die Diagnose im Januar 2018. Wir hatten für Sommer 2018 schon ein Jahr im Voraus unseren Familienurlaub auf unserer Lieblingsinsel Föhr gebucht. Die meisten, die ich kannte, stornierten sofort alle Urlaube, die sie geplant hatten, für die geplante Behandlungszeit. Was ja auch in Ordnung ist, wenn du es wirklich so willst. Aber oft wird gar nicht in Betracht gezogen, dass es auch andere Möglichkeiten geben könnte. Und dass du selbst die Kapitänin auf deinem Boot des Lebens bist. Und du auch hier entscheiden darfst, was dir guttut. Daher als Beispiel hier meine Vorgehensweise: Ich hatte für den damals aktuell geplanten

Chemo-Zyklus noch eine letzte Chemo offen, die in die Urlaubszeit fiel. Ich glaube, es war die Idee meines Lebenspartners, auf jeden Fall fingen wir an, natürlich einige Wochen im Voraus, uns zu informieren, ob ich diese Chemo auch im Urlaub machen könnte. Man muss dazu sagen, dass es ja keine Chemo von der ganz „harten Sorte" war, was die Nebenwirkungen betraf. Sonst wäre das vielleicht für mich auch nicht gegangen. In Niebüll im Krankenhaus hatte man mit meiner Idee überhaupt kein Problem. Ich musste vorher nur den letzten Tumorbericht schicken und die genaue Chemo und Dosis. Dann ging ich zwei Tage vorher zu einem Hausarzt auf Föhr und der faxte die Blutwerte an das Krankenhaus. Und so fuhr ich gemeinsam mit meinem Lebenspartner mit der Fähre, dann mit dem Zug und das letzte Stück mit dem Taxi zu meiner Urlaubschemo. Es war völlig unkompliziert und alles klappte wunderbar. Es gab belegte Schnittchen während der Chemo, der Arzt hatte Zeit, sich für einen kleinen Klönschnack zu uns zu setzen, und alles war sehr gemütlich. Noch dazu hatte ich die netteste Taxi-Fahrerin, die ich mir vorstellen kann.

Warum erzähle ich dir das? Weil ich dir Mut für vielleicht ungewöhnliche Wege machen will. Weil ich denke, gerade falls du eine Diagnose im sogenannten palliativen Stadium – also mit Metastasen – haben solltest, tue die Dinge, die dir guttun, auch dann, WANN sie dir guttun. Und warte nicht auf irgendwann und schiebe sie nicht so weit auf. Es gibt gerade in die-

sem Stadium immer Spielraum, was die Behandlungs-
termine und den Rhythmus der Behandlungen betrifft.
Im Jahr 2019 habe ich mir für die drei Wochen Föhr-
Urlaub chemofrei genommen, auch das ging. Und
natürlich ist dann keine Weltreise dran. Aber innerhalb
von Deutschland gibt es viele schöne Ziele. Und wenn
du im Urlaub Kraft tanken kannst, dann kannst du
auch gestärkt „in die nächste Runde" gehen. Natürlich habe ich das alles mit meiner Ärztin besprochen
und abgestimmt. Aber auch das war überhaupt kein
Problem. Und es hat mir sehr viel Kraft gegeben, diese Urlaube vollkommen und sehr bewusst zu genießen
und nicht einfach abzusagen. Aber auch hier gilt, das
ist bei jedem anders. Vielleicht ist es nicht dein Thema
oder du hast gar nicht den Impuls oder die Kraft, weg-
zufahren. Das ist dann auch in Ordnung, Hauptsache
du handelst aus deinem Herzen und es ist dein Weg,
den du gehst.

Wenn man nicht mehr so kräftig ist, aus eigener An-
strengung eine Reise zu unternehmen, aber diesen
dringenden Wunsch verspürt, noch einmal das Meer
zu sehen oder was auch immer, kann ich **www.wuen-
schewagen.de** empfehlen. Ich lese oft die Reise-
berichte auf Facebook und es berührt mich immer sehr.
Die Organisation freut sich natürlich auch immer über
Spenden. Noch eine Spenden-Empfehlung von mir ist
www.kinderaugenkrebsstiftung.de. Da diese Krebs-
form sehr unbekannt ist und eigentlich „einfach" zu
erkennen ist, da man es den Kinderaugen oft „ein-

fach so" ansehen kann, finde ich, dass jeder einfach wissen muss, dass es diese Erkrankung gibt. Denn je früher erkannt, desto besser. Ich kenne sie, weil es ein Kind in unserem Freundeskreis hatte. Es geht ihm gut. Er ist geheilt und darüber bin ich unendlich froh.

DANKE

Ich habe das Bedürfnis, vielen Wegbegleitern zu danken. Hoffentlich vergesse ich niemanden! Die Reihenfolge ist keine Wertung, das ist mir wichtig. Alle Menschen sind mir auf meinem Weg gleich wichtig, herzlichen Dank an alle wunderbaren Menschen da draußen!

Ich danke meinem „Chemo-Engel", ich habe einige Zeit nach dem Erlebnis versucht, rauszubekommen, wer sie ist, um mich zu bedanken. Aber der Datenschutz steht verständlicherweise im Weg, daher auf Seelenebene: Herzlichen Dank, liebe Unbekannte!

Danke, Danke, Danke! An alle meine lieben Mitpatientinnen, die ich kennenlernen durfte. Ihr seid alle wundervoll und euch allen wünsche ich aus tiefstem Herzen ganz viel Gesundheit, unendlich viele glückliche Tage und alles Liebe, ihr Lieben. R.I.P, du liebste Maggie.

Und ich danke aus ganzem Herzen meiner Familie: Henning, Lennert, meiner Schwester Debora und meiner Mutter Elli. Danke für eure Unterstützung auf meinem Weg. Speziell an Henning vielen lieben Dank für deine Hilfe und deine Geduld, mir zuzuhören, mit mir gemeinsam das alles durchzustehen und mich tatkräftig zu unterstützen!

Vielen lieben Dank an viele tolle Frauen in meinem Leben, ihr seid so wertvoll für mich! Speziellen Dank an Claudi, Meli, Daniela, Gesine, Andrea, Ariane, Silvia, Moni, Ira, Cosima, Nathalie, Christiane, Michaela und die drei Reha-Mädels Uta, Annette und Katrin. Danke für euer SEIN, ihr Lieben. Schön, dass es euch gibt! Danke, Danke, Danke, ihr Lieben!

Vielen lieben Dank an Uli, der meine Kunden nach der Diagnose schnell und unkompliziert übernommen hat. Und herzlichen Dank an alle meine ehemaligen Kunden. Dass ihr so viel Verständnis hattet und lieben Dank für eure Nachrichten, Briefe und Päckchen. Danke von Herzen.

Ganz besonders danke ich Marlies Winkler, bei der ich in die Welt des Qigong, Tai-Chi und Zapchen jede Woche ein Stück mehr eintauchen darf. Die Zeit ist so stärkend und unterstützend. Danke von Herzen für dein Sein, liebe Marlies. Und danke ihr Lieben aus der Dienstagsgruppe!

Danke an die liebe Inka für die farbenfrohe Montags-Malort-Gruppe in dem schönen Atelier Farbenreich in Ahnatal. Danke von Herzen, Inka, und danke an alle Mitmalenden.

Und ich danke ALLEN Menschen, die an mich gedacht haben, für mich gebetet haben und mir gute Wünsche haben zukommen lassen, von ganzem Herzen.

Für alle Ärztinnen und Ärzte sowie Krankenschwestern und Pfleger, medizinisches Fachpersonal und Therapeuten; ihr seid einfach wunderbar. Wie schön, dass es Menschen wie euch gibt! Ich hoffe, dass durch die Corona-Geschichte endlich mehr Wertschätzung, natürlich auch auf monetärer Ebene, zu euch kommen wird. Ein ganz großes Dankeschön für das, was ihr jeden Tag leistet!

Vielen lieben Dank für die so wertvolle und heilsame Begleitung durch meinen Hausarzt Herrn Christoph Junge (Trigon-Praxis) in Kassel. Sowie die wundervollen Mitarbeiterinnen Frau Ann-Katrin Kaiser und Frau Silvia Rudolph. Außerdem einen ganz herzlichen Dank an Herrn Clemens Knoche und sein Team von Ligetes in Kassel. Danke für die unterstützenden Begegnungen.

Mein herzlicher Dank geht an alle Mitarbeiter/innen des Brustzentrums und der Station 5A im Elisabeth Krankenhaus in Kassel. Den Chemo-Krankenschwestern vielen lieben Dank für die liebevolle und oft humorvolle Unterstützung. Ihr seid einfach Spitze! Besonderen Dank an Frau Dr. Christina Trzeja-Höhlein. Danke für die Begegnungen auf Augenhöhe und dass ich hier ein Mensch und nicht ein Fall bin.

Ich danke ganz herzlich Frau Dr. med. Anette Voigt und ihrem gesamten Team und allen Mitarbeiter/innen des Brustzentrums, der Gynäkologischen Station und allen Mitarbeiter/innen, mit denen ich am Gemeinschaftskrankenhaus Herdecke Kontakt hatte. Dort habe ich die Welt der anthroposophischen Medizin näher kennenlernen dürfen und das war sehr bereichernd. Die Unterstützung und das Aufgefangen-Fühlen, gerade in der Anfangszeit nach der Diagnose, waren heilsam. Auch einen besonderen Dank an alle Therapeutinnen und den ev. Seelsorger Herrn Thomas Rechenberg.

Ein ganz besonderes Dankeschön an alle Mitarbeiter/innen der Reha-Klinik Schloss Hamborn in Borchen.

Es waren wunderbare drei Wochen. Danke auch speziell an die wohltuende Unterstützung von Frau Dr. Hoffmann.

Vielen Dank an das ganze Team der Gemeinschaftspraxis für Strahlentherapie (Kassel), speziell an Herrn Dr. med. Dipl.-Med. Ralf Keymer. Es war für mich erstaunlich, wie überaus freundlich und menschlich alle dort sind, trotz der hohen „Durchlaufquote" bei Bestrahlungen und dem damit verbundenen Stress.

1000 Dank für die liebevolle Begleitung durch meine Zahnärztin Frau Dr. Gudrun Gemperlein-Tegner in Fritzlar.

Einen ganz herzlichen Dank an meine Frauenärztin Frau Nora Szász (Kassel) und ihr Team.

Vielen lieben Dank an Herrn PD. Dr. T. Lorf und Team an der Uni-Klinik in Göttingen. Ihre gut verständlichen, ausführlichen und erhellenden Erklärungen haben mir sehr weitergeholfen.

Ein großes Dankeschön an die Onkologie des Klinikums Niebüll! Es war so nett und persönlich und ich bin immer noch begeistert, wie unkompliziert meine Urlaubschemo ablief. Danke! Außerdem vielen Dank für den Einsatz von Dr. med. Christoph Meyer-Schillhorn auf Föhr. Einmal für das „Urlaubsblutbild" und vor allem für die einfühlsame „Mini-Splitter-OP" im Sommer 2019! Danke!

Herzlichen Dank auch an die Onkologin Frau Dr. Sandra Tebbe. Ich war zwar nur einmal zur Zweitmeinung dort. Und ich habe gemerkt, und sie sagte es mir auch, dass ich in meinem Brustzentrum in guten

Händen sei. Aber sie hat sich trotz des vollen Warte-zimmers so viel Zeit genommen und ich hatte ein sehr gutes Gefühl bei dem Gespräch. Dafür bedanke ich mich ganz herzlich!

Der lieben Caro und natürlich dem ganzen Team der Physiotherapie-Praxis Stratmann in Kassel ein herzliches Dankeschön für die wohltuenden Behandlungen.

Meiner Heilpraktikerin Frau Veronika Klabes (Kassel) ei-nen speziellen Dank. Ich bin so froh, sie gefunden zu haben. Lieben Dank für die wertvolle Unterstützung.

Vielen lieben Dank an Ulli M. Scholz, meine persön-liche Versicherungsberaterin. Ohne dich und deine wunderbare und beharrliche Beratung hätte ich nach der Diagnose mit null Einkommen dagestanden.

Ein ganz spezielles Dankeschön an mein Medium, die durch ihr Channeling die Tür zum Schreiben geöffnet hat. Danke von ganzem Herzen!

Danke an viele inspirierende Menschen, die ich nicht persönlich kenne, aber von ihren Podcasts, Büchern oder Video-Calls inspiriert wurde und werde. Ihr seid Helden und Lichtbringer in dieser speziellen Zeit.

Danke! Danke! Danke! ♥

FUSSNOTEN

[1] Palliativmedizin (abgeleitet von palliativ, aus cura palliativa, erstmals belegt um 1363 bei Guy de Chauliac, von lat. palliare „mit einem Mantel umhüllen", „bemänteln" „verbergen", „schützen", von pallium „Mantel")[1] ist nach den Definitionen der Weltgesundheitsorganisation und der Deutschen Gesellschaft für Palliativmedizin „die aktive, ganzheitliche Behandlung von Patienten mit einer progredienten (voranschreitenden), weit fortgeschrittenen Erkrankung und einer begrenzten Lebenserwartung zu der Zeit, in der die Erkrankung nicht mehr auf eine kurative Behandlung anspricht oder keine kurative Behandlung mehr durchgeführt werden kann und die Beherrschung von Schmerzen, anderen Krankheitsbeschwerden, psychologischen, sozialen und spirituellen Problemen höchste Priorität besitzt".
Quelle: https://de.wikipedia.org/wiki/Palliativmedizin

[2] Das Adjektiv komplementär bedeutet „(sich wechselseitig) ergänzend". Es beschreibt sich gegenseitig ergänzende Dinge, die jedoch augenscheinlich unabhängig, vielleicht sogar widersprüchlich oder gegensätzlich sind. Der Begriff entstammt dem lateinischen complementum (Erfüllung, Ergänzung)
Quelle: https://neueswort.de/komple-mentaer/

[3] www.quantenheilung.info

⁴ www.baharyilmaz.com

⁵ www.radicalremission.com

⁶ Als Spontanremission, auch Spontanregression genannt, wird im Bereich der Onkologie (also bei Krebs) eine unerwartet eintretende Besserung oder Genesung (Heilung) bezeichnet. Für Spontanremissionen nannten Everson und Cole in ihrem Buch von 1966 folgende Definition: Als Spontanremission bezeichnet man ein komplettes oder teilweises Verschwinden eines bösartigen Tumors in Abwesenheit aller Behandlungen oder mit Behandlungen, für die bisher kein Wirksamkeitsnachweis geführt werden konnte. Im Falle von Krebsen des blutbildenden Systems spricht man von Spontanremission, bei soliden Tumoren von Spontanregression; diese beiden Begriffe werden jedoch häufig synonym benutzt.
[1] Beides sind Formen der Spontanheilung bei Krebs.
Quelle: https://de.wikipedia.org/wiki/Spontanremission

⁷ Das Verb „manifestieren" stammt von dem lateinischen Wort „manifestare" ab, das auf dem lateinischen Wort „manus" (übersetzt: Hand) beruht. In seiner ursprünglichen Bedeutung wurde manifestieren im Deutschen als Synonym gebraucht für: deutlich machen oder etwas zum Ausdruck bringen. [2] Im heutigen Sprachgebrauch hat sich die Bedeutung etwas abgewandelt und wird umschrieben mit: aus dem Geist erschaffen, sich oder et-

was offenbaren, eine handfeste Form bekommen, sich zu erkennen geben oder sichtbar werden.

8   www.baerbelmohr.de

9   www.nealedonaldwalsch.com

10 Ab morgen werd ich Künstler. Eine Erzählung aus dem Leben Heinrich Zilles. Kinderbuchverlag Berlin 1977 / Der Pinselheinrich. Eine Zille-Geschichte für Kinder, Elefanten Press 1986.

11 www.arnostern.com

12 Bei einer Behandlung spricht man dann von Kuration, wenn sie auf eine vollständige Wiederherstellung der Gesundheit („restitutio ad integrum") eines Patienten abzielt und so auch gleichzeitig eine Verschlechterung verhindert.
    [1][2] Der Begriff steht in einem gewissen Gegensatz zum Begriff palliativ bzw. Palliation. Bei einer palliativen Therapie ist nicht eine komplette Heilung das Behandlungsziel, sondern eine Beschwerdelinderung (beispielsweise durch Schmerztherapie), und wenn möglich ein Aufhalten oder eine Verlangsamung des Krankheitsfortschritts. Häufig werden beide Begriffe in der Krebsmedizin verwendet.
    Quelle: https://de.wikipedia.org/wiki/Kuration

13 www.zapchen.de

14 www.seommusic.com

15 http://www.iak-freiburg.de/dozent/frank-kinslow/
www.quantenheilung.info

16 www.anitamoorjani.com

17 www.integrative-krebsmedizin.info

18 www.medicalmedium.com

19 www.nikorittenau.com

20 www.energiearbeit-kassel.de

21 www.tobias-beck.com

22 www.lauraseiler.com

ABSCHIED VON TINA

Nachwort von Henning Dehnke

Tina ist Ende Juli 2020 von uns gegangen.

Tina ging es während der Zeit mit der Krankheit meistens gut. Es gab natürlich auch sehr schlechte Zeiten und teilweise verlor sie ihre Haare während der Chemo. Wir waren aber immer zuversichtlich und sind von einer Genesung ausgegangen. Es kam dann leider anders. Tina wollte ihr Buch unbedingt veröffentlichen und hat es kurz vor ihrem Tod noch beenden können. Ich habe das Buch nun mit einem Kapitel des persönlichen Abschiedes ergänzt.

Ungefähr sieben Wochen vor ihrem Tod hat Tina noch einmal Urlaub an der Nordseeküste gebucht. Als sie die Reise geplant hatte, ging es ihr noch gut. Wir hatten Glück, es wurde gerade eine neu renovierte Wohnung inseriert. Dritter Stock mit freiem Blick auf die Nordsee, mit Ebbe und Flut sowie dem weiten Horizont Richtung Sonnenaufgang. Als wir dann an der Nordsee ankamen, ging es ihr schon wesentlich schlechter und sie konnte nicht mehr viel machen.

Wir waren immer sehr gerne an der Nordsee und wenn es nach Tina gegangen wäre, wären wir auch nach Föhr gezogen. Leider hat sich ihre Situation dann so stark verschlechtert, dass wir den Urlaub sonntags abgebrochen haben und zurück in die Heimat gefahren sind. Ich habe Tina dann sofort ins Krankenhaus gebracht, in dem sie bisher betreut wurde und wo sie auch ihre Chemo bekommen hatte.

Leider war zu diesem Zeitpunkt der bevorstehende Tod von Tina absehbar. Ich habe ihre Schwester

Debora kontaktiert und sie gebeten, schnellstmöglich zu kommen. Debora kam am Dienstagnachmittag, sodass die beiden noch Zeit miteinander verbringen und sich voneinander verabschieden konnten. Am Dienstagvormittag haben wir dann noch die letzten Dinge geklärt, die es zu klären gab, wir haben im Krankenhaus geheiratet und unser gemeinsames Testament gemacht. Wie gesagt, wir haben immer an eine Genesung geglaubt. Und ich denke, dies war eine sehr wichtige Sache fürs uns, um mit der Situation umgehen zu können.

In der Nacht von Dienstag auf Mittwoch wurde ich dann von der Nachtschwester angerufen, dass ich kommen möge. Sie hätte mich gerne schon früher gerufen, sagte sie, aber Tina wollte, dass ich erst einmal ausschlafe. Typisch Tina.

Die Nachtschwester erzählte mir, wie zufrieden und glücklich Tina am Abend aussah und dass sie Zitroneneis gegessen habe. Ich denke, ihr war bewusst, dass für sie alles geklärt war. Tina war nicht mehr ansprechbar, aber sicher hat sie noch alles mitbekommen. Ich bin mir sicher, sie wollte nicht gehen, sie hatte noch viele Pläne, aber es ging leider nicht mehr.

Tina ist dann in den Morgenstunden, während des Sonnenaufgangs eingeschlafen. Es war ein schöner warmer Sommertag.

Tina hatte keine Angst vor dem Tod, aber sie hatte Angst vor dem Sterben. Ich war jetzt ein letztes Mal für sie da und stand ihr in dieser schweren Stunde zur Seite.

Die kurze Zeit, in der es ihr sehr viel schlechter ging, bis zu ihrem Tod verging sehr schnell, als ob der Termin, an dem sie von uns gehen sollte, schon feststand.

Kurz darauf kamen dann Debora und unser Sohn Lennert dazu. Natürlich waren wir alle sehr aufgelöst und haben geweint. Lennert konnte sich seiner Mutter zuerst nicht nähern und hatte das Gefühl, sich nicht mehr verabschiedet haben zu können. Ich habe ihm gesagt, er könne sich immer noch verabschieden, Tina wäre noch da, sie würde alles mitbekommen. Langsam ging er dann zu ihr, hat sie gestreichelt und sicher etwas in Gedanken zu ihr gesagt. Danach war er glücklicherweise wesentlich ruhiger.

Wie gesagt, es war ein schöner und warmer Sommertag. Tina sah zufrieden und schön aus. Mit diesen schönen Bildern haben wir uns dann von ihr verabschiedet.

Zu Hause habe ich einen befreundeten Bestatter angerufen, Jürgen Dahlfeld[1]. Wir kennen uns aus der gemeinsamen Schule von Lennert und seinem Sohn. Sein Motto ist: Ich kann alles, außer Anzug tragen. Und das stimmt auch.

Wegen der Sommerferien hatte ich Angst, dass er nicht da sein könnte. Aber er war da und kam am späten Nachmittag. Ich habe die Wartezeit auf ihn als sehr ruhig und eigentlich auch als sehr gefasst in Erinnerung. Wir haben alle – insbesondere Tinas Mutter – über Tinas Tod informiert und die Sonne genossen.

Es war klar, dass wir für Tinas Mutter noch eine Aufbah-

[1] www.daszeitlichesegnen.de

rung vornehmen würden. Und so haben Lennert und ich das Lieblingsnachthemd von Tina mit Engelsflügeln auf dem Rücken und Tinas regenbogenfarbene Decke rausgesucht. Die Decke hat sie immer mit ins Krankenhaus genommen, damit sie sich wohler fühlte, ein Stück Heimat eben und damit Geborgenheit. Diese zwei Dinge sollten sie jetzt auch auf ihrer letzten Reise begleiten.

Wie erwähnt kam Jürgen am späten Nachmittag zu uns. Er kam mit dem Fahrrad in kurzer Hose und T-Shirt. Und wir wohnen auf dem Berg, während er weiter unten in der Stadt wohnt. Das hat er nicht nur wegen uns so gemacht, das ist grundsätzlich so seine Art. Im Gegensatz zu einem üblichen Bestatter im Anzug gab das Outfit von Jürgen der Situation etwas Unbekümmertes, etwas Normales, auch wenn die Situation für uns eine Ausnahmesituation war.

Bisher kannte ich eigentlich nur recht konventionelle Beerdigungen. Ich war noch nicht ganz acht Jahre alt, als mein Vater starb. Er starb zu Hause und alle Verwandten kamen und haben von ihm Abschied genommen. Die Verwandten im Wohnzimmer und mein Vater im Schlafzimmer daneben. Natürlich war es auch toll, meine Verwandten wiederzusehen, aber irgendwann durfte ich dann nicht mehr zu meinem Vater ins Zimmer. Die Beisetzung fand wenige Tage später statt. Wie üblich gab es eine Trauerfeier in der Kapelle, dann den gemeinsamen Gang hinter dem Sarg zum Grab sowie die entsprechenden Abschiedszeremonien. Es waren sehr viele Leute da, auch sehr viele Leute, die ich nicht kannte, und alle waren in Schwarz gekleidet. Mir war klar, eine derartige Beisetzung wollte ich nicht für Tina und natürlich auch nicht für mich und für unseren Sohn.

Natürlich haben wir mit Jürgen auch über anderes Privates gesprochen, aber es ging vor allem darum, wie wir uns eine Bestattung vorstellen könnten. Wichtig ist hier die Aussage, wie wir es uns vorstellen, und nicht, was andere denken, meinen, wollen oder was vielleicht sogar gesellschaftlich als adäquat angesehen wird.

Tina hat mir am Dienstag noch gesagt, dass sie einen Baum haben wolle. Eine Birke. Birken sind Lennerts Lieblingsbäume und ich bin allergisch gegen Birken. Gerechnet hatte ich wegen der Verbundenheit mit der Nordsee eher mit einer Seebestattung, aber sie hat sich einen Baum gewünscht und im Nachgang bin ich sehr froh darüber.

In der Nähe von Kassel gibt es den Reinhardswald, einen sehr alten Wald mit einem sehr schönen Tierpark, in dem wir früher sehr oft waren. Und eben einen Friedwald[2]. Und auch wenn wir den Friedwald dort nicht kannten, war uns damit klar, es wird ein Baum im Reinhardswald. Wir haben uns für einen schlichten, unbehandelten Kiefernsarg entschieden, der im Sauerland in einer Behindertenwerkstatt gefertigt wird.

Und dann sagte uns Jürgen, dass wir den Sarg auch mit Wachsmalstiften bemalen könnten. Die Idee fanden wir sofort super.

[2] https://www.friedwald.de/waldbestattung-reinhardswald

Langsam konnte man merken, dass die Beisetzung anders als die sonst üblichen Bestattungsvorgänge sein würde. Und alles war im Sinne von Tina passend. Der Baum, der Sarg, die Idee des Sarg-Bemalens, die Entspanntheit, die legere Kleidung. Das hat nichts an Tinas Tod geändert, aber das hat ihm etwas Leichtigkeit gegeben.

Am Donnertagnachmittag haben wir einen Termin mit dem Mitarbeiter des Friedwaldes, Herrn Friedrich, im Reinhardswald bekommen. Lennert, Debora und ich haben uns dann auf den Weg gemacht, um den passenden Baum auszusuchen. Und auch dieser und der nächste Tag waren wieder sonnige warme Sommertage.

Vor Ort kam Herr Friedrich dann mit einem Quad aus dem Wald. Natürlich in Arbeitskleidung und im Schlepptau einen Golden Retriever, Dasty. Nach einer kurzen Begrüßung und dem Vortragen unseres Anliegens dachten wir, jetzt ginge es los, aber nein, es fehlte noch der Dackel Dexter. Das Gespann von Dexter und Dasty war sehr interessant. Dexter trägt anfangs oft einen Arbeitshandschuh, wenn er keine Lust mehr hat, dann muss das Dasty übernehmen. Manchmal trägt er aber auch eine Schaufel. Tina hatte immer ein wenig Respekt vor Hunden, aber diese hätten ihr gefallen. Warum ich dies erzähle? Weil wir drei auch diese Nebensachen als schön empfanden und unser Gefühl der Leichtigkeit der Situation verstärkte.

So sind wir drei mit Herrn Friedrich und den Hunden in den Wald gelaufen. Eigentlich sind wir Herrn Friedrich einfach gefolgt. Es ging entlang eines normalen und unscheinbaren geschotterten Waldwegs. Er wusste ja, dass wir eine Birke suchten, schließlich sind wir dann auf eine Allee eingebogen. Eine rasenbedeckte, breite Allee mit alten, großen Bäumen. Und das war wirklich mehr als schön und sehr beeindruckend. Wir sind einfach diesen Weg gegangen, obwohl vorher schon links und rechts genügend Birken standen, Herr Friedrich ging einfach mit uns weiter.

Im Friedwald gibt es Gemeinschaftsbäume, an denen man sich mit weiteren Fremden beisetzen lassen kann. Uns war aber klar, Tina soll ihren eigenen Baum erhalten, unseren Familienbaum. Den Baum haben wir übrigens jetzt bis zum Jahre 2100, und wenn der Baum aus welchen Gründen auch immer absterben sollte, dann wird eine neue Birke gepflanzt. Zusätzlich ist am Baum noch Platz für weitere Beisetzungen.

Wir haben uns dann für den zweiten Baum entschieden. Aus unserer Sicht der schönste Baum, die schönste Lage, die schönste Umgebung. Tinas Baum.

Es schien so zu sein, wie Herr Friedrich sagte: Meistens finden nicht die Leute den Baum, sondern der Baum findet sie. Wir haben uns danach auch noch weiter umgeschaut, ob es einen besseren Baum gäbe. Aber es gab keinen besseren.

Tinas Baum steht mit weiteren Bäumen auf einer kleinen Lichtung, die nicht zuwächst und auf die somit

Licht einfallen kann. Der Baum hat eine kleine Macke, einen abgebrochenen Ast, an dem ein Loch zurückgeblieben ist, und in dem ein wenig Wasser steht. Für uns ist das unsere Blumenvase. Der Baum ist nicht gerade gewachsen, hat am Fuße Moos angesetzt und es fehlen sicher schon einige Äste.

Er ist also kein perfekt gewachsener Baum, aber für uns ist er der Richtige.

Nun ging es noch um die Baumnummer. Herr Friedrich schlug uns die 6373 vor, die erste Ziffer hätten wir nicht ändern können, aber die anderen schon. Das war aber nicht notwendig, Tina wurde 1973 geboren, Debora 1963 und Lennerts Lieblingszahl ist die 3. So was kann man sich vorher nicht einfallen lassen. Es passte wieder alles.

Ein Grab im Wald ist alles andere als ein Grab auf dem Friedhof, das feste Strukturen hat, vielleicht eingezäunt oder mit Steinen eingelassen ist und einen Grabstein trägt. Ein Grab im Friedwald bedeutet für uns Natur und Natur sein lassen mit all dem dortigen Leben von Pflanzen und Tieren. Ich denke, dies war auch der Grund, warum Tina einen Baum haben wollte. Und ich finde, es war und ist eine sehr gute Entscheidung.

Das Aussuchen des Baumes und die Erfahrungen dabei haben uns wieder deutlich spüren lassen, das Richtige zu tun.

Für Freitag hatten wir das Aufbahren geplant, damit Tinas Mutter sie noch einmal sehen und Abschied nehmen konnte. Debora ist entsprechend am Donnerstag nach Hause gefahren und kann am Freitag mit ihrem Sohn und ihrer Mutter wieder.

Vor dem Haus haben wir einen großen Lavendel, den Tina immer geliebt hat. Lennert und ich haben dann etwas davon gepflückt, um ihn mit zur Aufbahrung zu nehmen. Tinas Mutter hat in unserem Garten noch Blüten von Tinas Blumen gepflückt und so sind wir zur Aufbahrung gefahren. Es gab keine Kleiderordnung, jeder so wie er wollte, und Lennert ging in kurzer Hose. Nur Tinas Mutter war in Schwarz gekleidet. Tina hatte große weiße Engelsflügel, die Lennert und ich mitnehmen wollten, um sie in den Sarg zu legen. Irgendwie haben wir beide die Flügel aber vergessen und wollten dann nicht wieder heimfahren. Vielleicht war das auch so etwas wie Schicksal. Wir haben im Nachhinein festgestellt, dass das vielleicht nicht so gepasst hätte. Und dann hat Tinas Freundin die Flügel mitgenommen und hat sie in ihrem Wohnmobil hinter den Fahrersitz geklemmt und mit auf ihre Reisen genommen. Ein wirklich sehr schönes Bild und wahrscheinlich sollte es so sein.

Tina war in der Mitte des Raumes aufgebahrt und hatte natürlich das entsprechende Nachthemd an und die Regenbodendecke lag auf ihr. Es war zuerst kein schöner Moment. Alle haben wir uns nacheinander Tina genähert, um nochmals von ihr Abschied zu nehmen. Ich hatte vergessen, Lennert zu sagen, dass Tina kalt war. Da hat er sich ein bisschen erschrocken, danach war aber wieder alles gut.

Der Sargdeckel mit den Wachsmalstiften stand in einer Ecke. Ich habe dann angefangen, den Deckel zu bemalen und zu beschreiben. Lennert und Debora haben es mir dann gleichgetan. Es wurden Herzen, Regenbogen und vieles Weitere gemalt sowie die letzten Worte geschrieben. Es war schon ein wenig verrückt, der Anlass war sehr traurig, aber beim Bemalen und Beschreiben des Sarges kam wieder eine gewisse Leichtigkeit in uns auf. Lennert hat mich sogar darauf hingewiesen, dass ich einen Schreibfehler gemacht hatte. Jürgen hat noch ein Lied gesungen. Welches es war, war gar nicht so wichtig, es war einfach schön. Mit Tinas Mutter zusammen haben wir noch das Vaterunser gesprochen.

Abschließend bin ich noch auf die Idee gekommen, den Sarg zu bemalen, und so habe ich mir einfach irgendeine Farbe genommen, bin um den Sarg gegangen und habe eine Schlangenlinie gezogen. Alle anderen sind meinem Beispiel gefolgt, selbst die Mutter mit ihren über 80 Jahren. Lennert hat zwei Runden um den Sarg gedreht und wir anderen jeweils eine Runde. So ist jeder noch einmal um den Sarg gegangen und hat Tina eine letzte Aufwartung gemacht.

Interessanterweise hat sich keiner über die verwendeten Farben Gedanken gemacht und einfach einen Stift genommen, aber wir haben dann festgestellt, dass die Farben eine besondere Bedeutung hatten, die sehr gut zu Tina passte:

Grün für die Wiesen
Lila für den Lavendel
Gelb für den Strand
Blau für das Wasser
Weiß für das Licht
Rot für die Liebe

Mit Lennert hatte ich vorab ausgemacht, dass die anderen schon rausgehen und wir beide dann den Sargdeckel schließen würden. So haben wir es dann auch gemacht. Lennert hatte die Kopfseite. Ich hatte vorab ein wenig Zweifel, ob Lennert dies tun könne, er hat es aber sehr gut gemacht und ich war und bin noch immer stolz auf ihn.

Im Nachgang waren wir uns alle sicher, es war wirklich sehr schön. Insbesondere der Gang um den Sarg ist mir immer noch in starker Erinnerung.

Zwei Wochen nach der Aufbahrung hatten wir einen Termin für die Beisetzung. Lennert und ich hätten bei der Einäscherung dabei sein können, nachdem wir uns das im Internet angeschaut hatten, haben wir uns aber dagegen entschieden. Was wir allerdings gemacht haben: Wir haben uns die Urne noch einmal angesehen. Lennert hat sie dann in den gleichen Farben wie den Sarg bemalt.

Im Friedwald ist es verboten, Blumen oder gar einen Grabstein aufzustellen. Lennert und ich haben uns aber dafür entschieden, einen Naturstein zu suchen, den wir auf die Grabstelle legen wollten. Unser Weg hat uns natürlich zum Herkules geführt. Wir haben ziemlich schnell einen passenden Stein gefunden, der mit ein bisschen Fantasie die Form eines Engels hat. Auch hier haben wir noch nach einem besseren Stein gesucht und uns dann doch für diesen, den ersten, entschieden. Wie war es mit dem Baum? Meistens finden nicht die Leute den Baum, sondern der Baum findet sie.

Zur Beisetzung hatte ich wenig Menschen eingeladen. Allen Freundinnen und Freunden habe ich abgesagt. Wir hatten auch keinen Pastor. Ich habe allen angeboten, später zusammen mit ihnen zum Baum zu fahren. Das haben dann auch alle wahrgenommen.

Am Tage der Beisetzung waren wir eine kleine Gruppe. Tinas Mutter, Debora und ihr Sohn, meine Mutter, mein Onkel, meine Brüder sowie meine Schwägerin. Ich habe allen vorab gesagt, sie sollen so kommen, wie sie wollen. Sie sollen sich in ihrer Kleidung wohlfühlen. Und so kam es dann auch, eigentlich trugen nur Tinas und meine Mutter schwarze Kleidung. Ich und sicher auch die anderen haben sich in ihrer normalen Kleidung wohlgefühlt. Und auch dieses Mal hatten wir Glück: Es war wieder ein schöner warmer Sommertag. Am Zugang zum Friedwald gibt es einen Andachtsplatz, an dem Jürgen schon mit der Urne und einer Kerze auf uns wartete. Dort hat er nur kurz ein paar einleitende Worte gesagt. Den gesamten Ablauf der Beisetzung hatte ich vorher geplant und mit ihm abgesprochen.

Wir haben die Kerze entzündet und Tinas Mutter überreicht und uns gemeinsam auf den Weg zum Baum gemacht. Herr Friedrich vom Friedwald war natürlich auch dabei. Auch Dasty war dabei, der tatsächlich die Schaufel getragen hat. Jeder, der wollte, hat die Urne oder die Kerze ein Stück des Weges getragen. So sind wir bei schönem Wetter Richtung Baum gelaufen. Am Baum war alles entsprechend vorbereitet, das Grab für die Urne war ausgehoben und entsprechend geschmückt. Für die älteren Personen gab es Stühle und Jürgen hat noch einmal das Lied von der Aufbahrung gesungen, damit sich alle erst einmal umschauen und richtig einfinden konnten.

Dann kam noch ein sehr schwerer Teil auf mich zu. Da wir keinen Pastor haben wollten, habe ich allen gesagt, wenn sie wollen, können sie gerne ein paar letzte Worte sprechen. Natürlich habe ich etwas gesagt. Zum Teil haben das auch die anderen getan. Das war sehr persönlich und einfach toll.

Zusammen haben wir das Lied „Von guten Mächten wunderbar geborgen" gesungen. Tinas Mutter hat einen Segen ausgesprochen und zusammen haben wir das Vaterunser gesprochen.

Mit Lennert hatte ich verabredet, dass wir zusammen die Urne zu Grabe lassen, was wir dann auch gemacht haben. Anschließend hat jeder Rosenblätter oder Sand ins Grab geworfen. Wir haben Rosenblätter um den Baum verteilt und mein Bruder ist sogar um den Baum herumgetanzt. Tina hat während ihrer Reha ein

Geflecht aus Ästen gebastelt, das wir dann an den Baum gestellt haben. Dort steht es immer noch, wenn auch schon ein wenig lädiert.

Mit Lennert hatte ich vereinbart, dass wir bleiben, bis alle gegangen sind, und dann das Grab verschließen und den Stein darauflegen. Das hat er wieder gut gemacht und natürlich bin ich auch da sehr stolz auf ihn. Ich denke, Lennert wird erst später erkennen, was das für ihn bedeutet. Abschließend haben wir die Kerze ausgeblasen und sind den anderen hinterhergegangen, natürlich auf der schönen Allee.

Die Wochen danach waren sehr stark davon geprägt, dass ich – manchmal zusammen mit Lennert – mit Freunden zum Baum gefahren bin. Das war etwas anderes, als wenn alle bei einer Bestattung gleich dabei gewesen wären und man keine Zeit für jeden Einzelnen hätte. Die Fahrt zu Tina dauert etwa 45 Minuten, man sitzt zusammen und tauscht sich entsprechend aus. Jeder hat Tina anders kennengelernt, unterschiedlich lange gekannt, sie anders wahrgenommen bzw. mit ihr in Kontakt gestanden. Jede Fahrt war anders und damit sehr interessant und sehr schön. Es war toll, noch einmal mit den Menschen in ihrem Leben in Kontakt gekommen zu sein. Zu dieser Vorgehensweise habe ich nur positive Rückmeldungen erhalten. Dabei war es eigentlich egal, ob Kinder dabei waren oder nur einzelne Personen. Manche haben Kleinigkeiten am Baum für sie hinterlassen. Sand, kleine Steine, Muscheln, Blütenblätter. Wir standen zusammen am Baum oder wer mochte, hat die Zeit am Baum alleine verbracht.

Das ist die Geschichte vom Abschied von Tina. Vielleicht gibt es den einen oder anderen, dem die Geschichte Inspirationen gibt. Uns hat es geholfen, von Tina würdevoll, liebevoll und ziemlich sicher in ihrem Interesse Abschied genommen zu haben.

Und es ist immer noch schön, den Weg zu Tinas Baum zu gehen. Die Allee entlangzugehen. Das ist ein schönes Gefühl. Es ist egal, ob da ein Wildschwein alles zerwühlt hat oder welches Wetter ist. Das ist das, was Tina wollte.

Es gibt zwei Punkte, an denen man erkennt, dass das Leben weitergeht: Am Samstag war die Beisetzung und am Montag ist Lennert in eine neue Schule gekommen. Glücklicherweise hat er einen Platz neben seinem alten Kindergartenfreund bekommen. Und in der gleichen Woche, am Mittwoch, haben wir Lennerts 13. Geburtstag im Kletterwald gefeiert. Das war eine wirklich sehr schöne Sache.

Das alles ist jetzt fast zwei Jahre her. Wie schnell die Zeit doch vergeht, aber die Erinnerungen bleiben.

Ich vermisse dich.